中学生物课堂教学与评价策略

郭泽刚　著

合肥工業大學出版社

前　言

三十四年前，我走出大学校门，走上安徽一所重点中学的讲台。当我向学生介绍自己时，突然下意识地反问自己："我能给学生带来什么？""知识！"因为培根曾经说过"知识就是力量"。在这种潜意识的支配下，我努力将每一个知识点讲深讲透，力求讲练结合，期望学生熟能生巧、勤能补拙。

二十四年前，在我参加安徽省教学方法改革实验时，"能力比知识更重要"的观点让我反思，"教育就是为了培养学生的能力？"这个问题一直缠绕着我，但始终不得其解。我一直在思考："教师为什么必须这样教，而不能那样教？"

我苦苦思索，久久找不到满意的答案。我只有到历史的长河中追寻大师们的足迹，积极参加国家级、省级教育研讨会。记得二十年前，在针对中小学课堂教学现状的一次教育研讨会上，"学会做人、学会生存、学会求知、学会发展"的观点让我眼前一亮。除了让学生学会求知，教育还有很多很多东西能够提供给学生，联合国教科文组织提出的"四大支柱"，的确道出了教育的许多真谛。

十五年前，随着教育改革大潮的兴起，中小学教育现状反思不断深入，我发现学生的学习兴趣非常重要！仅仅让学生学会是不够的，还需要让学生会学，更要让学生获得自信。在基础教育课程改革全面开展之际，正当人们为知识与技能、过程与方法、情感态度与价值观三维目标的提出和逐步落实而欢呼雀跃之际，教育与学生个体发展、国家发展之间的关系，也在逐渐明朗。为了每个学生的全面发展，为了国家的振兴、民族的发展，教育需要回归本源。

十年前的那个夏天，我来到创新高地合肥，我以包河区生物特级教师(及名师)工作室为平台，连续数年奔波于全国各省、市课程改革实验区之间，获得了丰富的体验和感受，这让我思绪万千，而数月短暂的停顿更让我沉思：从教给学生知识，到关注学生发展，教育的角色究竟发生了什么变化？教育对于人的成长究竟起到了什么作用？渐渐地，教育的功能、课堂的作用、教师的职责……这一系列要素，在我眼前渐渐清晰起来，学校教育不仅让学生获得前人思考的结果——那些重要的知识、技能，也需要完成个人的社会化进程；不仅需要让学生的潜质得到充分发掘，也需要实现每一位学生身心的协调发展；课堂不仅需要让学生在认知、情感、意志上得到充分发展，也需要关注学生人格的健全发展，建立社会责任感，培养创造的激情。教育不能改变基因，而适宜的教育环境和教育行为，却可以使个体基因的表征最大化，"坏"的教育恰恰会遏制(甚至扼杀)学生的潜能。

从知识的教育，到过程的教育，再到智慧的教育，教育的本来面目渐渐凸显。教育不仅承载着传承已有知识的功能，更需要承担起发掘学生潜能，教给学生智慧，让学生学会做人、生存、发展的重任！只有这样，教育才能担当传承人类文明的重任——在继承人类已有文明的同时，创造新的文明！在我看来，所谓人的全面、健康、和谐、可持续发展，其本质就是马克思、恩格斯论及的人的自由发展。

三十四年的思考之路，是我个人从迷茫走向明朗的艰辛历程，更是个人教育观念慢慢发展的真实写照。而三十多年来我国中小学教育教学理念的发展何尝不是这样呢？时代在发展，教育观念也要随之而发展，这是永恒不变的道理。课堂是教育教学的主渠道，任何好的理念，如果不能转化为课堂教学行为，那注定是空谈。我坚信，一般的教师教知识，好的教师教过程，卓越的教师教给学生智慧。

《中学生物课堂教学与评价策略》曾受到安徽省教研员钟能政老师的启发，后来又得到合肥市教科院李卫文院长及教研员黄威老师的指点，期望本书能给读者带来思维的火花、想象的空间和教学创造的"催化剂"，能够给包河区郭泽刚生物特级教师工作室及生物名师工作室的教学研究锦上添花。在此，十分感谢工作室全体同仁(王贞、刘玉明、董善旗、娄志义、郭德伟、葛亮、刘鑫、尹有芬、朱蓉蓉、王赢、贾飞、张胜、程红梅等)及窦本银、王启雨、陈乐东、周奇志、李洁、李平等的大力支持，他们在生物教学实践中的不断验证，使该书得以及时修改和完善。同时，也感谢所有帮助过我的同事和朋友们！

郭泽刚

2020年11月

目　录

第一章 绪 论

从事中学生物教学三十多年，在教学过程中，深感课堂教学评价的重要性。因此，对国内外教师课堂教学及评价情况做了深入研究，目的是发挥评价促进学生发展、教师提高和改进教学实践的功能。在实践中，生物学科课堂教学评价的建立，是当前新课改中生物教师所急需的具体指导内容，对教师的教学有着现实的指导意义，对改变学生的学习方式同样也有着具体的指导意义。

目前，国外对教学评价系统研究较为完善的是美国。美国有许多种全国性教学评价标准研究机构与学术团体，这些研究机构与学术团体都对教师教学评价标准进行了项目性研究，并实施对教师教学的具体评价，各州也有自己相关的研究机构，对教师教学评价标准进行专门性研究与实施。在全国和各州不同学科教师教学评价共同标准的基础上，各地还分别规定了不同学科的具体教学评价要求。

在国内，根据新课程的理念，很多专家、学者都在进行评价体系的研究和实践。同时，国外的一些评价做法也在不断地被我国引进，但因国情的不同而受到质疑和挑战。在生物学科体现新课程的评价研究中，目前国内还缺乏系统化内容。

第一节 美国教师课堂教学的评价现状

教师教学评价是美国教育行政管理的重要工作之一。美国学校管理者对中小学教师课堂教学评价的体系多种多样，但无论是全国性教师课堂教学评价标准，还是地方性教师课堂教学评价标准，都具有一定的共性，主要有以下三方面内容：①有效的课堂教学设计；②学生参与度；③合作精神。

一、美国教师课堂教学评价的重心——有效的课堂教学设计

课堂教学评价的对象不是教师本身，而是课堂教学。具体地说，是教师与学生在课堂上的活动及效果。从素质教育的理念出发，课堂教学评价的一级指标应该是二维的，一个维度是教师的教，另一个维度是学生的学。即教师的教要符合学生发展的需要，适合学生的认知水平。课堂教学评价涉及教师对学科知识和学生是否了解，教师是否掌握提问和讨论设计的技巧，学生的学习活动、教学时间和各种教学资源是否得到有效利用，教师是否因材施教、培养学生的创造性思维，教师是否建立了和谐的师生关系等。美国教师在评价课堂教学时，重点是看学生是否学会学习，是否掌握了学习技巧。

1. 课堂教学设计的内容

以课程标准为本的教学不同于传统的教学。传统的教学一般是从课本中选出一个教学内容设计教学活动、设计试卷、进行测试、评出分数、检查学生是否掌握所教内容、讲授下一部分内容。而以课程标准为基石的课堂教学评价主要是帮助学区和学校开发或使用课程，使用各种不同形式的学生表现数据作出课堂、学校和社区层面的决定；开发学生信息数据系统；制定成绩目标和制订行动计划，设计以课程标准为本的教学(表 1 - 1)。

表 1 - 1　以课程标准为本的教学设计表

设计主要问题	所要考虑的内容	设计评价指标	最终要达到的目标
第一阶段：设计需要理解的问题	国家、州、学区教学标准；教师的专长和兴趣	概念、原理阐述；学生参与度	围绕牢记概念和基本问题的单元教学
第二阶段：理解问题的本质	六个要素，持续评价	有效、可靠、充分、真实、可行、学生合作	单元教学，达到预期教学目标
第三阶段：什么样的学习经验和教学能促进学生理解，激发学生学习兴趣和提高学习质量	以研究为基础的教学策略，基本知识和技能	要达到什么程度？吸引学生，探讨和求知，提高学习思考，进行自评	连贯的教学经验，激发兴趣，达到预期目标，提高学习质量

2. 以课程标准为本的教学设计步骤

第一步:明确标准,熟悉标准中的内容知识。例如,这个标准所要求的是哪些内容知识、技能和能力倾向? 哪些是核心的观念? 教师对学生以前的知识和经验有什么了解?

第二步:设计评价方法,评价学生怎样才能在知识和技能方面达到这一标准。例如,要求达到哪种水平的成绩目标? 哪种形式的评估与这一成绩目标最匹配? 评估能否提供学生多种选择来表明他们知道的东西?

第三步:阐明成功的标准,确定对学生的期望。例如,教师期望在对学生的评估中能看到哪些高质量的具体特征? 哪些前提条件是进行这一评估所必备的?

第四步:给学生提供学习和表现的机会,计划教学以确保每个学生都有适当的学习和实践的机会。例如,教师将怎样考虑评估所要求的前提条件? 教师计划的教学是否考虑到每个学生? 所有学生是否都得到了适当的指导和反馈?

第五步:进行评估,要学生来完成评估。例如,评估说明是否清楚? 学生是否知道教师对他们的期望? 学生要从教师那儿得到哪种类型的帮助?

第六步:选择评分表,决定学生应当在其他表现上有哪种水平和类型的反馈。例如,教师是否要求所有学生都获得每一标准的反馈? 所有标准的权重是否一样?

第七步:制定表现标准,编制红字标题或其他形式的评分指南。例如,教师希望有多少表现水平来描述“超出标准”和“没有达到标准”? 教师是否能区分每个水平上功课的具体特征? 哪个水平的表现是符合标准的?

3. 课堂教学设计的要求

(1)确认要达到的目标

① 教师帮助学生了解要达到的近期目标和远期目标。

② 学生明白他们所需要掌握的知识和内容。

③ 设计活动使学生理解课程要求和一些基本的概念。

④ 活动的设计要围绕帮助学生掌握日益复杂的知识、技巧和理解力。

⑤ 帮助学生掌握所学的概念、知识间的联系和课程内容。

(2)搜集能接受的材料

① 用多种手段不断地检测学生的学习，了解学生是否掌握了要达到的标准。

② 教师必须确保每个学生都达到了所期望的要求。

③ 学生积极参与检查和监控自己的学习情况。

④ 学生掌握知识和检查自己学习的情况。

(3)设计学习活动帮助学生达到目标

① 学生知道他们要达到的目标和怎样达到这一目标。

② 教师通过积极的学习活动激起学生的学习兴趣，加强学生对课程内容基本概念的理解。

③ 以课程内容和学生为中心的课堂教学。

④ 整个教学过程中，学生参与独立的或合作的学习活动，不断地探讨、询问、研究。

⑤ 教师确保每一位学生都能掌握课程内容的知识和技能，能恰当地解释基本概念和基本问题。

⑥ 设计的问题要侧重探讨原因和过程，而不是单纯的时间、地点、人物或脱离情境的记忆题。

⑦ 鼓励学生通过自评和反思来培训、演示、修正、提炼他们思考和理解的能力。

⑧ 为学生提供机会，以书面或口语的形式来展示和输出他们对知识、技巧的理解程度。

4. 创设课堂学习环境

课堂环境的创设是教师评价的核心内容之一，具体包括以下六方面的内容：

(1)创设一个有利于学生学习的物质环境。物质环境包括教室的大小，教室环境的布置，课桌椅的摆放，信息技术的使用，学生学习标准的公布、张贴和学生小组活动的形式。

(2)创设一个公平、互相尊重的文化氛围。在这种文化里，师生关系和谐，教师和学生都在寻求知识，学生和教师都以学习为自豪。教学目标、教学活动和教学环境反映出对学习成就的高度期望，教师了解每一个学生，给学生积极的反馈,学生敢于提出冒险性问题。当学生提出荒唐的问题时,不会被嘲笑,学生相信教师在认真思考他们的问题,教师会对他们的学习承担责任。教师关心学生,尊重学生的个性差异,学生尊重教师。师生之间互相关心,互相尊重。

(3)推进社区发展和小组责任感。学生之间相处融洽,互相帮助,大家都是合作小组的成员,遵守小组规则。教学计划能反映社会发展要求,与课程标准一致。师生积极参加社区服务。注意关心特殊学生。

(4)建立学生行为准则并加以维持。学生知道所有的规章制度,行为准则张贴在墙上,奖惩分明。家长知道学生行为准则。教师是师生关系、家长和学生关系的榜样。

(5)教学程序有序,有利于学生的学习。教师根据不同的目的设计课程,总结归纳教学,上下衔接自然,建立以学生为主的学习方式,给学生选择的机会,学生参与自评和反思并有有效的师生交流。

(6)安排有效的教学时间。教学时间安排合理,有监控时间的手段,教学材料准备充分,各种教学活动安排井然有序。教师不断评价学生的学习,不断加深和巩固学生学过的知识,有课外学习、丰富知识面的机会。

5. 统一的课程标准

教师人手一册课程标准。在教师评价中,要求教师必须熟悉本学科的课程标准,特别是了解每一年段对学生的要求。教师不但要全面了解本学科从一年级到十二年级的课程标准,而且要了解同年级跨学科所涉及的内容。教师之间经常交流教材所涉及的交叉部分,在教学中互相补充,对不同层次的学生制定不同的评价指标。如英文文学课,对写作能力强的学生要求他们完成一篇论文或一本书,对写作能力弱的学生只要求他们写一首诗或一篇短文。将课堂教学与课程标准结合起来,因材施教。又如,圣地亚哥郡教师评价指南中要求评价者检查听课时要注意以下内容:

(1)黑板上或教室的墙上是否张贴有学科课程标准和具体的教学目标。

(2)学生的学习活动是否与课程标准要求一致。

(3)学生是否知晓教学要求和所要达到的教学目标。

(4)学生是否投入到学习活动中,如参加讨论、做演讲、参与小组活动等。

(5)学生的学习活动是否有创造性,教师是否启迪了学生的思维,如学生互评,学科知识的整合,运用分析、比较、归类等技巧。

(6)教师是否采用了具体的策略激起学生的学习兴趣。

(7)教室展示的学生作业是否超过了一个月。所有的教学活动都必须围绕课程标准进行。

二、美国教师课堂教学评价的指标——学生参与度

课堂教学策略的运用主要是解决学生学习的三个方面的问题。一是"爱学",即学习的主动性;二是"会学",即学习自主性;三是"善学",即创造性学习。美国教师充分发挥学生的主体性,将培养学生具有独立获取知识的能力列入课堂教学评价指标体系。

课堂教学一般要求教师做到以下几点:

(1)教师选择学生将达到的标准。

(2)设计一个评分指标,以便检测学生是否掌握了教学内容。

(3)创设学生学习活动使学生掌握所要达到的目标。

(4)设计教学确保每个学生都参与学习活动。

(5)用评价数据给学生提供反馈。

(6)重新设计下一步教学。

例如,普莱士中学纳塔夏(Natasha)老师上了一节训练学生英语写作的公开课。黑板上板书的内容如下:①教学要求:学习写作技巧。②教学内容:改写句子并对所改写的句子进行评价。在写作过程中,根据需要改写句子,使之流畅。③教学目的:让学生掌握改写的主要技巧,使写作更合理、更规范。④时间安排:这一节课总授课时间为 70 分钟。具体时间安排:第一,教师用 10 分钟让学生从自己的作文里找出一个自己喜欢的句子,将它改写成五个不同的句子,即用五种不同的方法进行改写。第二,教师用 5 分钟让学生写是怎样修改句子的,即学生是改掉了多余的部分,还是重新安排结构。第三,教师用 5 分钟让学生向同桌解释改写句子的目的。第四,教师用 5 分钟让学生分组讨论总结。每组选一个代表将大家在修改句子过程中所采用的策略写在一张大纸上,然后张贴在墙上。第五,教师用 5～10 分钟将各组学生归纳的内容进行分析总结。遇到不确定的问题时,学生可以随时

提问。第六,师生再用10分钟将改写句子技巧归纳成两部分,即内容改写和编辑需要改写。第七,归类后,教师给学生5分钟反思各自修改句子是采用了两类技巧中的哪类技巧。第八,最后20分钟,教师发放一篇短文,让学生用所学技巧进行修改。整节课70分钟,教师只用了15分钟分析讲解,其他时间都是学生小组活动或独立练习。

在评价这节课是否成功时,听课教师讨论、评价的是学生的学,而不是教师的教。听课记录写下的是学生讨论交流的内容,记下了参与活动的人数。在评价这节课时,教师们一致认为这节课是成功的。第一,整个学习过程中,教师能够为学生提供思想碰撞的机会,教师熟知教学内容,师生和生生之间有互动。教师为学生的学习和参与创造了一个积极的环境。第二,80%的学生掌握了所要达到的目标,知道修改句子的技巧。第三,教师给学生提供了足够的时间使学生掌握学习内容。第四,教师自始至终监测学生的学习,对学生的学习进行公平有效的评估。学生也参与评价其他同学的句子。在美国评价者看来,学生参与度是判断学生主体地位是否落实和学生主体性发挥如何的主要指标,优质的课堂教学概念是让学生动脑思考、动口表达、动手操作,让每个学生都有学习经历的体会,都达到了教学目的和教学要求。这与我国的"师讲生听"的教学模式完全不一样。如果学生愿意学习并积极投入学习,将获得最佳学习效果。日本研究者龟口蕙治将学生学习方式和记忆的效果做了一些比较,结果如下:教师满堂灌,学生只能记住5%;学生自己阅读,能记住10%;使用图像,学生能记住20%;演示试验,学生能记住30%;课后讨论,学生能记住50%;演讲后,让学生练习,学生可以记住75%;学生互教、互学,在做中学,能记住90%的内容。

美国评价课堂教学是否有效关键是看学生的积极性是否被调动起来,学生是否在积极地思考,教师是否强化学生自主学习、让学生成为课堂的主角、把空间和时间留给学生、让学生活动。教师应该成为教学活动的组织者、合作者和参与者,教师角色的变化使课堂的形式和结构也发生了变化。

三、美国教师课堂教学评价的重点——合作精神

美国教师评价比以往任何时候都强调培养学生的团队精神和协作能力。教学评价中,要求教师要创设"合作学习"的环境,不单是形式上课堂的

课桌椅合并成小组形式，也不只是课堂上多一些学生间的讨论和对话，主要是培养学生的合作精神和合作能力，使他们懂得如何尊重别人，耐心听取别人的意见，如何在分享成果当中，既肯定他人，又能表现自己，从而培养一种公平友好的竞争精神。教师在教学中，把合作精神和合作能力的培养作为教学的主要追求目标。他们常常把教学内容组合成为小组成员经过合作和共同努力才可以完成的成果，以集体的成果展现出他们的成绩。例如普莱士中学的英语教师简·盖彼(Jan Gabby)在检测学生的诗歌掌握情况时，就是以小组合作学习的形式来完成的。三天前，教师就布置了诗歌表演作业。她将学生分成四人一组，选一篇诗歌，分人物角色表演，并解释每一句的意思及结构。学生组长安排不同的同学准备不同的内容，有的查找诗歌作者的情况介绍；有的分析诗歌，找出押韵的词、韵律安排或其他；有的总结诗歌大意；有的准备朗诵。在表演课上，学生小组争着上台表演。他们分工合作，把诗歌内容和写作技巧解释得清清楚楚，表演得淋漓尽致。

在美国课堂教学中，大部分活动都是采用合作学习的方式。有时，作业的批改和考试的评判都是以小组为单位或相互评价来完成的。如演讲课上教师布置学生找一篇已发表的故事进行演讲。要求是：根据故事内容用不同的声音、简单的手势和节奏表现不同人物的性格，把演讲制成录像放给全班同学看，每人只能占用10分钟。学生花了两周时间寻找资料，阅读理解，反复操练。两周后，全班同学一起看录像，分别进行评论。每个同学找一位搭档相互评论对方的文章内容、声音、眼神、表情、动作等。互评之后，教师还要求学生自评。有一个学生在自评表上写道：我认为我应该得 A^-。因为，第一，我选的文章内容很好(她选了一篇关于黑人小女孩努力获得成功的故事)；第二，我认真准备，花了很多时间；第三，尽管我还有一些语音错误，但比以前进步多了，老师和同学们应该看得到。教师按照这位学生的要求，给了她A。这种学生互评、自评，既培养了学生的欣赏能力，在评价别人的同时，学生的表达能力和逻辑思维能力都得到了提高。最重要的是丰富了学生的合作体验，使他们体验到成功感和获得他人承认的满足感，使每个学生感到自己需要与他人合作，自己需要学习，更需要向别人学习和在别人的帮助下发展。

美国教师布置作业大多是项目作业。特别注重动手、动脑能力的培养。

有时学生为了完成一个项目,要查找大量的资料,准备器具,征求教师的建议和指导,有时三人或四人一组做一个项目。教师检查学生作业的主要形式有表演和展示作品。这样既培养了学生的团队精神和合作能力,也激发了学生主动学习的学习兴趣。在给学生评分时,美国教师常常会征求学生的意见。如教师会问学生"你认为你应该得多少分?为什么?说出你的理由。"美国教师认为,让学生合作批改作业和互评是对学生的信任,学生在批改作业和相互评价过程中,能进一步加深对知识的了解,激发学习的兴趣。

第二节 日本中小学课堂教学的四个特征

近年来日本基础教育改革在课堂教学方面形成了新的思路,在实践层面上采取了各种有效的措施。本书就归纳日本中小学课堂教学的特征(①营造民主的课堂气氛;②以学生为主的教学;③教师有效指导;④明确的教学目的)及其对学生智力、创造力培养等方面,期望对我国的中小学课堂教学提供一些借鉴与启示。

无论在东方还是西方,课堂教学都是班级授课制的产物,因此它也就成了每次教育改革的重要对象之一。日本的教育改革也不例外。日本二战后几次教育改革,都是考虑到当时社会对学校的期望和学校教育教学现状而进行的,如20世纪60年代,教学改革注重学生基础知识的掌握;70年代,强调以培养学生善于分析问题、解决问题、自主性、创造性的才能,培养学生具有坚韧的意志力、自律性、丰富的情操、正确的劳动观等品质为目标;80年代和90年代,日本的教学改革逐步深化,培养目标也日趋综合化,即培养学生的生存能力。在1996年7月日本第15届中央教育审议会提交了一份题为《关于面向21世纪我国教育的发展方向》的咨询报告中,就明确提出今后日本基础教育改革的国际目标和方向是培养儿童的生存能力。这种生存能力包括:①适应社会变化,能够自己发现课题,自学,独自思考,自主地进行判断,采取行动,更好地解决问题的素质和能力;②丰富的人性,即不断自律,与他人相协调,具有关怀体谅他人之心和感动之心等;③为坚强的生活所不可缺少的健康和体力。正是在这样的改革背景下，日本教师将其理论指导落实到具体的课堂教学，在培养学生的自主性、创造力和学习能力等方面取得了一定的成效。

下面通过剖析日本课堂教学的四个特征来反思我国中小学课堂教学存在的问题。

一、日本课堂教学的四个特征

1. 课堂教学的民主气氛

日本教育界认为，一个民族要发展，它的建设者应该具备的重要能力是创造力。创造力的培养来源于想象力，而一个人的自主性、想象力和创造力的充分发挥，需要一个安全、宽松的教育环境。在民主的教学环境中，一个中心的原则就是学生必须拥有平等获得奖励、利益的权利，包括教育资源、信息和学习的材料。日本初级课堂教学，对学生尊重的表现就是提供一个维护人的尊严的教学环境。教师尽可能地创设民主的氛围，如：在单元学习的最开始，教师就把整个单元学习的基本内容、计划、目的、学习时间以及将要进行的活动全部告知学生，在征求学生意见的同时，与学生一起拟订基本的学习计划、安排。在课堂教学中，学生（不仅仅是成绩好的学生）都有机会表达自己的看法或观点。在教学评价过程中，教师尊重、珍视学生的学习背景，视每个学生都是有能力的学习者，强烈地期望每个学生都参与课堂活动。因而在整个教学评价中，总是充满鼓励性的。即使是成绩比较落后的学生，老师也经常小心地保护他们的自尊与自信，对他们用鼓励的话语，如“比上一次有进步”“这次表现不错”“棒极了”等来树立他们的自信心，使学生感到自己有能力解决困难、问题，能够把学习搞好。因此，新课程所倡导的民主教育思想要真正深入教育之中，只有当教师在日常教学行为中给学生激励性的评价已渗透于教师的教育思想中，才能落实。

2. 以学生为主体的教学

日本在1998年的教育课程审议会中提出了改进教育内容，通过学校整个活动，培养学生的生存能力。而生存能力重要的一个方面就是培养学生的表现力、思考力、学习积极性、学习技能、自我评价等。在日本的课堂教学中，教师主要从以下两个方面来进行培养：

(1)在教学单元的设计上以学生的问题为中心

以日本东京学艺大学附属小金井小学四年级的一堂语文课“拱桥的构造”的教学过程为例来说明。教师先让学生从阅读、理解课文入手，然后学生从中提出问题，并根据自己的问题开展调查研究，最后将调查结果以报告会的形式发布。在这一过程中，学生通过激发自己内在动机，促进自己进一步学习的愿望。

(2)问题的提出和解决以学生激烈的讨论为主要方式

这与日本课堂教学注重培养学生在课堂上的口头表达能力有关。通过推理来解决问题，尤其是通过对问题的讨论来解决问题，是日本小学教学的显著特征。全体学生，不论经济条件的好坏，不论社会地位的高低，不论学习成绩的好坏，都有机会参与课堂讨论。例如，小组讨论有关怎样调查在一个密闭的罐子里当蜡烛熄灭后，是否还有氧气或二氧化碳存在。该小组由两名女生和两名男生组成，女生认为无氧气，有二氧化碳，因为蜡烛燃烧时产生二氧化碳，并且通过人吸入氧气、呼出二氧化碳的例子来说明自己的观点是正确的，而男生认为，在蜡烛熄灭之前，空气中本来就含有二氧化碳，并不能证明蜡烛燃烧后就产生二氧化碳。在这时，老师提醒各小组：“你们不要再争论了，相反，应当写下你们是怎样得出结论的。”从而引导学生运用较高的思维能力(Higher - order thinking)，把过去学过的有关原理(Concepts)与当前讨论的题目联系起来或者依靠同辈的观点来对问题进行反思。学生们期望别人对他的观点进行评价，而同辈的讨论从另一方面给自己提供新的、不同的视角来理解自己所学习的内容，同时也增强学生的自我意识和对复杂科学问题的思考，增进了交流技巧。当学生自由地表达自己的看法、聆听同伴的观点、意见时，他们自己的看法、观点就将受到挑战：要么修改自己的，要么用其他人的看法来证明自己的观点。这样日本的中小学课堂教学通过学生们激烈讨论与他们兴趣有关的问题而显得异常充满生机。

3. 教师积极指导

(1)在教学导入上，教师要求学生积极参与课堂活动

学生积极参与课堂活动有利于知识的内化(Internalize knowledge)，并将内化的知识转化为自己知识的一部分。同时，日本教学改革最重要的一点就是破除教育工作中存在的一些根深蒂固的弊端，即划一性、僵硬性，确

立重视个性的原则。在教学中要尊重学生个性，让学生积极参与课堂活动、成为课堂的主人。为了达到这种效果，日本教师采用了多种教学策略来使学生参与课堂活动。如：在上科学课时，教师对课堂的来回巡视（Walking up and down rows）（通过巡视迅速把握学生的基本情况，并把学生的兴趣点和疑问点进行归类）、贴姓名牌的讨论方式等（每个学生都有一个磁性姓名牌，贴在一块小黑板上，学生们在讨论之前，先将自己的姓名贴在黑板的某一位置上以表明自己的立场，并通过事实来解释自己选择这一立场的理由，通过讨论或辩论，学生如果改变了自己的想法和立场，可以随时移动姓名牌，移动时也要说明理由），使学生能积极、自主、有效地参与课堂活动。

（2）教学过程中，教师要随时关注学生的情况

当学生有困难时，日本教师会主动地帮助学生，教他们怎样根据材料提出问题，怎样查资料、收集信息、解决问题，而不是放手让学生自己去学习。如在"拱桥的构造"的课堂教学中，在让学生一边阅读一边思考，发现问题、提出问题的阶段，老师发现有的学生在问题卡上只写了几句杂感而没有写出问题，老师就启发学生从课文中找出自己感兴趣的话题。在资料和信息的收集、选择、交流的过程中，他们会给有困难的同学一些提示，如图书馆中有什么资料、网上可以查到什么资料，有时也找一些资料与学生一同分析、研讨、整理、筛选等。给需要帮助的学生提供及时的指导，激起学生内心深处的求知欲，从而减少掉队学生的人数。

4. 明确的教学目的

（1）责任

日本学校教育在重视基础知识和基本技能的同时，也特别强调培养学生的自制力、社交能力、自立互助精神、责任感，培养学生学会关心他人、爱惜生命、爱护大自然。在课堂教学中，老师要求学生用责任的方式控制自己的行为，并通过让学生参与活动（全体同学参加的学习活动、小组的学习活动和个人的学习活动），并在活动中扮演不同的角色（如领导、教师、组员和研究者），来使学生认识并认同自己的个性特征和参与活动的责任，从而使学生在长期的学习、训练中养成做任何事情都有责任感的习惯。例如观测学生在科学实验课的实验过程中，在没有老师的监督下，他们能够小心处理危险物品，在实验完成后能自觉清理实验用品。在课堂的学习中，学生们也

能够利用学习技巧(如会自动地做笔记,并且把教师分发的讲义贴在笔记本上,对课堂活动的灵活转换,记住把必要的学习材料带到课堂上等)帮助自己完成课程的学习。他们做这一切并不是依靠老师的奖励、惩罚或其他对他们有威胁的行为,而是依靠他们在早期教育过程中形成的责任感和学习技巧。

(2)生存能力

面向21世纪,能够适应社会变化所必需的素质和能力就是创造力、思维能力与表达能力。未来的社会,不只是要求人们单纯地获得知识和信息,还必须具备自如地运用它们的能力,要会用自己的头脑思考、创造和表达。因此,日本政府对学校的要求是:学生在学好基本知识和基本技能的同时,学校要注重学生创造能力、逻辑思维能力、抽象思维力、丰富的想象与表达能力的培养。在课堂教学中老师有意识地培养学生反思性的思考(Reflective thinking)、观察、实验、调查、研究、讨论等体验性、问题解决性的学习能力。

二、对我国中小学课堂教学的启示

日本在基础教育教学改革方面的确做了一些有意义的尝试,可以为我国基础教育教学的改革提供一些具有现实意义的参考。

终身教育要得以实现,除宏观上需要多样化的教育体制外,微观上就要求教学民主化。教学民主化是我们走向教育终身化、教育民主化、教育主体化和教育国际化的必要途径。人的创造能力的发挥,只有在民主的环境中、当心灵得到放松时,思维才会活跃。根据脑科学研究发现,当人紧张时,供给大脑的营养就会不足,进而导致思维的阻塞,人的创造性就不可能发挥出来。因此,在课堂教学中,发挥学生积极性、主动性、创造性,就得营造一个宽松、自由、民主的氛围,让他们有勇气去说、有信心去做。

我们的新课程改革,不仅关注对知识的传授,而且更关注知识获取方式的改变。学校教育之所以存在,根本就在于它能够传授知识。我们目前的问题是怎样在学生知识获得的同时,培养学生学会学习、学会生存、学会关心他人、学会与人合作的能力以及学生情感的表达,价值观、态度的形成等。以问题为中心的教学方式为我们提供了一个好的例子。这种教学让学生处于真实问题情景中,学生选择最适合自己的学习方式(口头陈述、辩论和海报展示等)，围绕着问题的解决去收集一些信息，然后评估这些信息的可信性和有效性，设计具体解决问题的方案。学生成了问题的提出者和问题的解决者，他们就会很投入、很专注，充满好奇地去寻找问题的答案，并不断地挑战自己。而教师在此过程中，从认知、学习方法、学习策略等方面给予学生必要的指导。这种教学方法从根本上增强了学生的学习动机，把学习与实际生活联系起来，提高了学生的综合思维能力、动手能力和责任意识。

作为教师，我们要明确：我们的基础教育是大众化教育，而不是精英教育；不是把所有的学生都培养成为“什么家”，而是培养适应时代的、能自我发展的多样化人才。因此，教师在课堂教学中，就应该依据学生的特点，对教材的内容、难度进行适当的增减，真正从关注一切学生的发展和学生的一切出发，因材施教；在对学生的评价中，改变以分数为评判的唯一标准，实施多元性的评价，促进学生健康、全面、和谐的发展。

第三节　我国教师课堂教学评价的反思与探索

课堂教学评价对教师的教学具有导向、激励、调节和促进反思等功能，其根本目的是促进教师自身素养和专业水平的不断提高。我国随着新课程的实施，对学生学习评价的尝试和探索进行得有声有色，而对教师课堂教学的评价却没有发生实质性的变化。例如，在生物课堂教学评价中，评价者往往以高姿态控制着教师，重点围绕着一节课的优点和缺点进行评析，使教师始终处于被动的地位。传统的评价方式给教师投下了浓重的心理阴影，使教师不敢直面评价，甚至回避评价，压抑教师教学个性的自由发挥，阻碍教师的进步。

笔者在反思生物课堂教学评价存在的问题的同时，在实践中展开促进教师发展的教学评价探索。

一、对生物课堂教学评价存在的问题的反思

(一)传统的课堂教学评价对生物教学的负面影响

课堂教学评价对教师的教学方式和教学行为有着重要的导向功能。然

而，传统的课堂教学评价存在很多不利于教师进步的弊端。例如，过分重视课堂中知识呈现的全面性及准确性，关注教师对问题是否进行深刻的揭示，而忽视学生是否真正参与了学习活动；虽对多媒体的运用给予了肯定，但很少在多媒体如何与教学内容合理整合方面进行指导……概括地说，传统的课堂教学评价疏于进行方法性、策略性的指导和评价，因而导向教师注重的不是在教学方式的真正改进、对教学理论的认真钻研，而是对教学内容不断拓宽、加深，对备考资料的大量积累和详尽的分析。在现实的课堂教学中，常常会遇到这样的情况：教师花了大量的时间和精力准备一节公开课，由于缺乏理论的指导，课堂效果仍然不尽人意；在公开课上，教师总怕在“同行”的面前出现“知识性错误”而谨小慎微，以致个人的教学特色黯然失“色”；在课堂教学中，尽管采用了先进的技术设备，呈现给学生的却是一幅幅“文字图片”，使学习内容却变得更加抽象和复杂；教师给学生提供了大量的练习，但由于忽视呈现的时机和策略，以致训练没有达到应有的效果。可见，传统的课堂教学评价没有发挥其应有的促进教师发展、促进课堂教学优化的作用。同时，传统的课堂教学评价往往带有片面性和硬性，只关注某一节课中教师的表现，而很少考虑教师的切身实际及其他客观因素，评价者往往以一种居上的权威姿态面对评价对象，压抑了教师参与评价的主动性和积极性，甚至引起教师自觉或不自觉的抵制，因而难以发挥课堂教学评价应有的促进作用。

(二)评价标准对课堂教学的束缚

一直以来，评价标准是课堂教学评价的依据，同时也是教师开展课堂教学的准绳。目前，在生物课堂教学评价中，无论终结性评价、形成性评价或诊断性评价，大多使用相同的评价标准。从评价内容来看，涉及教学过程的各个环节及教师素质的各个方面，可以说是全面、具体和精确，利于量化评价或在评优中进行横向比较，可操作性强，但同时也显示了其导向功能的片面性。

1. 重“教”轻“学”

一般常用的课堂教学评价表的一级指标包括“教学目标”“教材处理”“教学内容”“教学方法”“课堂结构”“课堂气氛”“教学素质”“教学效果”等多项内容，每个一级指标下又有多项二级指标，反映了教学过程中多方面的因素。评价表中各项评价指标的总分一般为100分，其中学生学习的主动性及反映学生理解和运用知识情况仅占20%，纯粹针对教师教学行为的内容占65%以上，可见其重“教”轻“学”的特征较为明显。这样的评价，导向教师更多关注的是自己的表现，重视知识的分析讲解，从而忽略学生的学习过程、学习状态和学习效果。例如，评价表中往往有“重视直观教学、实验教学、现代化教学手段”这一项，导向教师片面地追求使用“现代化教学手段”以显示其“重视”，而不考虑其必要性、合理性及其对学生的学习是否有帮助。

2. 压抑教师的教学个性

一直以来，课堂教学评价标准被认为是完善的评价体系。尽管评价标准完整、系统，但它不可能穷尽教学过程中多变的因素和内涵。教学过程是师生之间的一种全面立体的、动态多变的复杂过程，其内容是丰富的。教学过程不像运动员跳高一样有一个可测量的点，更不是一件凝固的物体。因此，用固定的、“条框式”的标准评价丰富多彩的教学，其最直接的后果是将教师的教学规范在同一点或同一标准线上，从而泯灭教师鲜明的个性特点。对于进行个性化教学的教师，往往是因为他们的教学没有遵循标准中的某些内容才凸显其风格和特色，并收到意想不到的教学效果。

3. 置教师于被动地位

评价标准是为评价者对教师的评价而制订的，评价表一旦被使用，教师在评价中的被动地位就被确定了。当评价者使用评价标准时，依照标准对教师在课堂上的表现逐一打分，最后确定教师的教学水平所属的层次和级别，通常这一过程是评价者单方面进行，而教师是全然不知的。即使评价者将评价的反馈信息提供给教师，但信息往往是单向传递或通过领导间接地传递给教师。教师接受信息是被动的，根本没有交流碰撞的机会，教师是在不知其所以然的情况下进行反思，甚至对自己教学行为的调整是在揣摩评价者的过程中进行的。结果，教师对教学的调整也许顺应了评价者的意见，但离自己的个性发展可能越来越远。

（三）评价流于形式

在教学实际中，教师直接参与或亲历的评价主要是教研员的随堂听课评价，以及公开课活动中教师之间的互评。在前一种评价中，通常是教研员首先对授课教师发表评价意见，教师虚心地听着、做着笔记，尽管心存疑惑，但碍于多方面因素,最终没有机会表达自己的想法。在公开课活动中,通常是由授课教师简单介绍自己的教学思路,然后由听课者一个接一个地指出本节课的优点和缺点,或对不足之处提出改进的建议。但研讨的内容始终没有跳出这一节课,评价的焦点投放在授课者的优点和缺点上,使授课者有如受审一般。另一种情况是,听课者怕"得罪"授课老师,只说"很好""不错"之类的客套话,最后陷入沉默和冷场境地。"评课"本是研讨活动中最重要的环节,却成了最尴尬的局面。就这样,评价遵循着一种固有的模式在"严肃认真"的气氛中进行,最后在教师心里留下的只有这节课的优点和缺点。最令人遗憾的是,对教学中的"优点"没有从理论上解释,对教学中的"缺点"更没有从理论上寻求突破的策略,而这正是评价没有使教师的专业素养提高的重要根源。

二、促进教师发展的生物课堂教学评价的实践探索

发展性教学评价理论认为,评价的根本目的在于促进发展而不是简单地进行优劣高低的区分。换言之,对教师课堂教学评价不是为了界定一节课的优劣,或是区分教师教学能力的高低,其根本目的是激发教师对课堂教学中的问题进行分析和反思,从而改进教学方式,最终促进教师教学能力的不断提高。发展性评价是形成性评价,是面向未来的评价。为此,我们着重在形成性教学评价中,对如何促进教师参与评价、进行自我反思方面进行初步的探索。

(一)提升认识——让教师主动参与互评

发展性教学评价理论强调教师是评价中的主体,教师在被评价的同时,也要参与到评价活动中。如果评价的方式和评价结论得不到教师的接纳和认同,无论评价多么准确、科学、合理,都将是一句空话。所以必须做的第一件事是帮助教师树立正确的评价观念,提升教师对课堂教学评价的认识。这是较为艰难的一步,如果采用理论讲座的形式是行不通的,只有当教师能自觉学习和思考时理论才能被理解和接受。因此,我们从具体案例入手,通过对录像课例及公开课的课例进行评析,让教师重新认识课堂教学评价,明确评价的目的、内容和评价的角度。

(1)课堂教学评价的目的不在于修正被评价的课,而是通过对这节课的

合理之处以及存在的问题进行分析，总结归纳出教学上的规律，并推广应用到日常的课堂教学中。

(2)评价过程也是学习提高的过程，但不是学习某一节课的教学模式，而是从其教学思路中寻求启发，从而形成适合自己教学的方式方法。

(3)课堂教学评价关注的是整节课的布局及各环节的处理，而不是对小节问题进行深究。着重关注教师如何引导学生展开学习，而不是教师对知识分析讲解的思路。

教师的互评是教学评价的重要方式，课例研讨活动为教师的互评提供了良机。如果要让教师真正地参与到评价中，主持人的导语非常关键。如果说“下面请大家谈谈对这节课的看法”，那么评价活动会无可挽回地回到传统的模式中。为了启发教师反思，我们可以先提出几个问题：“这节课的效果与你的预想有差距吗?”“成功之处在哪里?”“所体现的教学理念是什么?”“还有什么困惑吗?”以此激发教师对自己的教学作出判断，并进一步思考解决问题的方法和途径。或者把研讨的主题定为“从这节课说起……”，意味着这节课是评价的起点而不是焦点，将研讨的焦点从评价一节课拓展延伸到研讨学科的课堂教学存在的问题及解决问题的策略，为教师搭建开放的、平等对话交流的平台，为教师提供一个开阔的交流空间，激发教师的思考，从而使教师对课堂教学的认识和理解得以提升。

(二)倾听心声——了解被评价者的需要

发展性教学评价理论认为：评价者与被评价者是一种交互关系，评价过程是一种良性参与、协商和交往的过程，在评价情境中，评价者与被评价者都是平等的主体。因此，对被评价者的评价不仅要合理客观，更重要的是关注并顺应被评价者的处境及心理需求，让评价过程得到被评价者最大限度的认同。作为评价者，必须广泛听取教师的心声，但教师的心声尤其是真实的声音并非随时可以听到。在一次关于课堂教学评价学习活动中，笔者将有关课堂教学评价的真实案例及教师对教学评价的建议以阅读材料的形式提供给教师，同时在材料中向教师提出两个问题：①在评课过程中，你最反感的事情是什么？②你对课堂教学评价有何建议？由于提供的材料贴近教师的实际，立即引发教师们的强烈共鸣。很自然地，教师们把隐藏在心里的要求和建议毫不掩饰地释放出来。

评价者高高在上，把自己的观点强加于评价对象，抓住某一环节的不足大做文章，以显示自己的高水平。评价者与被评价者是平等的，教师有权利对自己的教学进行说明和解释。

目前，课堂教学评价较为推崇形式新颖的教学形式，而不考虑这种形式在现实教学中是否可操作，是否真正令学生有效地学习。

评价者必须要对所评价的课进行深入的了解和思考，不要在细微的、显而易见的问题上纠缠，否则，既浪费时间又没有意义。

评价者每次评价意见都一样，使我觉得自己没有进步，有挫败感。

建议取消量化的评分标准。教师为了在教学评价上得高分，想方设法兼顾各项内容标准。事实上，每节课都不可能面面俱到，最终忽略了对学生的关注。

在公开课中，听课老师一个接一个地发言，提出建议。到最后，让授课老师想不到的是，自己的课竟然有那么多的缺点。

可见，作为被评价者的教师，并不回避评价，而是对评价有着强烈的愿望和要求。他们真正需要的不是分数和等级，而是诚挚的鼓励和帮助、平等的交流沟通和思维上的启发。从某种意义上说，教师能充分地表达对评价的要求、对评价的感受和理解，同时也是参与评价的过程。

(三)平等对话——激发教师自我反思

发展性教学评价理论认为，评价者要与被评教师建立平等的合作伙伴关系，与被评教师沟通协商，鼓励教师大胆发表自己的见解，反思教学过程中遇到的困难和疑惑。评价并不意味着一定要给教师提出改进的建议，重要的是能实现评价者与被评价者的平等对话。对教师而言，"对话"本身就是一种能引发教师反思的理想情境。就如在教学中，学生请教老师时，常常是老师还没解答，学生已经想出答案来了。教学评价也是这样，关键是给教师创设一种激发其反思的情境。在一次公开课的筹备过程中，教师与笔者展开如下对话：

"我们校长说，作为市级公开课，要到多媒体教室上，这样才能上档次。"

"那你自己觉得这节课是否要用多媒体?"

"我觉得没必要用。"

"那就按你说的办。"

这节课的内容是高中生物《性别决定与伴性遗传》,多媒体是否使用对学生的学习效果影响不大。事实证明老师是对的。在课上,教师引导学生观察课本中的“男女染色体组”图,让学生找出区别。对于色盲遗传的几种方式,老师没有过多的讲解,而是让学生自己分析推导,效果非常好。在本节课筹备时,笔者没有提出建议,只用了两句话,但这是对教师最好的支持和鼓励,最后让老师感到“我自己真的能行”。

教师通常在公开课设计时,为迎合听课者和评价者而设计一些违背自己教学风格、脱离学生实际的环节。通过平等对话,能启发教师的思考,可以让老师的真实思想显露出来,还原其自身的教学特色。如一位教师在初一生物的《血型与输血》公开课准备中,设计了这样的导入环节:用多媒体展示救护车匆匆而过的情景,接着教师穿着白大褂、拿着药箱充当“医生”进入教室,由两位学生充当等待救护的“病人”……笔者看了这一设计,于是与教师展开以下对话:

“为什么你要采用这样的导入?”

“想用新颖的形式引起学生的注意,激发学生的学习兴趣。”

“那么,操作起来你觉得有困难吗?”

“这正是我深感困惑的地方,其实真的要操作起来,我心里也没底。”

对话到此为止,多余的话不用说,聪明的老师自然会思考:这样的导入是否可行? 这样的导入对本节课的教学是否真的有必要? 后来,这位老师重新设计一个既简便又能激发学生学习兴趣的导入环节。这就是教师自我反思的结果。

对教师的课堂教学评价是多形式、多渠道的,可以在课前、课后或者在与教师的日常交往中,也可以在集体活动中或者在双方面对面的对话中。总的目的是促进教师自觉参与评价,并从教学方式、教学行为、教学思想、教学理念等多层面进行反思,从而提高教师教育教学的专业理解能力,使教师能对课堂教学作出正确的判断,最终让教师学会教学,学会发展。

新课程的实施,对教师提出了更高的要求,我们需要继续探索促进教师发展的课堂教学评价方式,根据课堂教学实际以及教师的教学个性,灵活地调整评价标准和评价角度,建构适合教师发展的课堂教学评价体系,使课堂教学评价发挥其最大的效益。

第二章　中学生物课堂教学评价的要素

中学生物课堂教学评价，依据评价主体与评价对象的不同可分为三大类：

第一类，把学校的行政领导或教研人员作为评价主体对教师的课堂教学进行评价，认为课堂评价是指对教师的课堂教学进行价值判断的活动，具体指向是对教师教学过程、板书、师生互动情况、教学方法的评价和建议。这种评价的目的主要是对教师教学效果的一种价值判断，属于一种外部评价。

第二类，把教师看作是评价主体，强调教师对学生的评价，具体是指教师在课堂上对学生的学习情况进行价值判断的过程。这种定义认为评价的目的不止在于价值判断，更多的是强调提供反馈以促进学生的学习。如，沈玉顺认为，课堂评价是指教师为了判断学生的学习情况、了解自己的教学效果、促进学生的有效学习而开展的对学生学习信息采集、分析和利用的活动；谭兵认为，课堂评价是指对学生学习情况、参与教学活动情况的了解、总结和反馈。这两种定义是目前较为流行的，分别从外界对教师课堂活动的评价以及教师对学生学习情况的评价出发进行界定。

第三类，笔者认为课堂评价的主体应包括学生，学生可以自评学习情况，也可以开展学生之间的互评活动。

课堂评价主要是一种内部评价活动，指教师和学生为了判断学生的学习效果，以实现促进学生发展的目的，而对课堂活动的诸多组成要素和过程环节作出动态评价的过程。

课堂评价具有如下特点：

(1)评价贯穿课堂教学过程的始终，并为教学服务。

(2)评价的目的是促进学生的发展。

(3)评价是一种动态评价过程,尤其注重形成性评价与表现性评价。

(4)评价主体与形式多元化,包括教师课堂评价、学生自评和学生互评。

第一节 生物课堂教学评价的功能及类型

一、评价的作用

从系统的观点出发,我们一般是把研究对象看作是一个系统。在评价一个系统的作用时,就要首先评价系统内各要素的组织形式及在运动状态下各要素所发挥的作用。具体地说,就是评价系统中各要素之间相互联系、相互制约的作用,从而使系统发挥更大的功能。课堂教学的主要要素是教师、学生和教学信息,教师和学生通过教学信息发生相互作用。评价对于这些要素的作用主要有以下几点:

1. 导向功能

导向功能主要指评价目标的导向机制。课堂教学评价目标的制定,一般都体现方向性和客观性,通过评价目标、指标体系的指引,可以为教学指明方向,即指明教师教和学生学的目标和应达到程度的方向。这样,通过评价过程的不断反馈和调节,可以使教师随时了解学生达到目标的程度,发现教学中存在的问题,使教师的教学不断改进,学生的学习不断强化和提高。因此,评价对课堂教学起着导向和指挥的作用。

2. 激励功能

激励功能主要指被评价者通过评价可以看到自己的成绩和不足,找到或发现成功与失败的原因,激起发扬优点,克服缺点,不断改进教和学,驱动他们的内部活力,调动起教和学的积极性。这是评价是否起到良好作用的关键。

3. 改进功能

改进功能主要是运用反馈的原因,通过评价及时获得有关教和学的反馈信息,判断教学过程是否有效。好的地方得到强化,缺点和不足得到纠正,使课堂教学不断完善、改进和提高,更好地实现课堂教学的目标。从而达到教学的整体优化,起到大幅度提高教学质量的作用。

4. 鉴定功能

鉴定功能主要指对教师的教学行为和学生的学习行为及教学的结果进行价值的判断。通过评价来比较、区分教师的教学能力和学生的学习能力，获取确定学生水平和教学有效性的证据，以便制订周密的计划进行指导和培养。另外，评价的结果也可作为评定等级的依据，为教育管理服务。

5. 研究功能

研究功能主要指评价作为教学研究与实践的一种工具，通过评价不断地明确为达到一定教学目标所应选择的手段和程序，为教学研究提供必要的信息。

二、评价的类型

根据需要和目的的不同，可把评价划分为多种类型。教学评价依据功能和目的不同可分为即时性评价、诊断性评价、形成性评价和终结性评价。

1. 即时性评价

即时性评价指在教育活动过程中，评价者对于评价对象的具体表现所作的即时表扬或批评，它通常与教学活动过程相结合，没有严格意义上的评价方案和评价结论，强调对具体行为的评判。即时性评价是以“质的记述＋价值判断”为主，而非“量的记述＋价值判断”的评价。即时性评价也是一种与教学过程紧密结合的“进行性的评估”，贯穿于学习的全过程，其主要作用在于给个人提供关于自己学习情况的信息。当学生良好的行为出现之后，如能及时得到相应的认可，就会产生某种心理满足，形成愉悦的心境，并使同类行为继续向更高层次需要发展。即时性评价低起点、小目标、勤评价、快反馈的做法，学生最感兴趣，最容易接受，也最能拨动孩子的心弦。如今，即时性评价已经成为教师教育智商和能力的一种表现。通过教学实践，笔者体会到即时性评价不仅可以激励学生学习，还可以帮助教师改进教学方法，很多时候，它决定着课堂教学活动的走向，影响课堂教学效果。即时性评价在课堂教学中的作用如下：

(1)给予学生及时的肯定

美国心理学家詹姆斯说过：“人生最深刻的原则就是希望得到别人的赏识。”每个学生都有争强好胜的天性，都希望得到周围的人(包括老师和同学)的认可,正是由于这种内驱力,激励着学生不断地自我发展和进一步完善自我。心理学研究表明,得到肯定性的评价会使人产生愉快的情感体验,从而可以激发学生的学习兴趣和学习动机。课堂即时性评价是对学生课堂学习中表现出来的参与意识、解决问题的能力以及表现出来的情感态度等进行即时性的评价。当学生积极主动参与生物学的学习活动、提出独到见解、乐于和同伴进行合作与交流、在活动中能运用知识解答问题、表现出进步时,教师对学生作出及时性的肯定评价,可以对学生的思想、思路、行为等起到鼓励和指导作用,并能激发学生沿着这一正确的思路进一步参与到学习中,调动其奋发向上的积极性。与此同时,对学生来说,肯定性评价是一种赞扬,能够让学生体验到成功的喜悦,激发学生更大的参与生物学学习的兴趣。

(2)给予学生及时的否定

当学生在学习过程中或学习结果中出现错误时,给予及时的否定,可以对学生的思路进行纠正和引导,令学生及时进行反思、转变思路、纠正错误、探索新的答案,从而避免学生多走弯路和出现钻牛角尖的现象。当学生表现欠佳、学习态度欠积极时,恰如其分的善意批评能令学生对自己的错误有更深刻的认识,使他们在现有的基础上得到进步、成长和发展。

(3)改变了教师的教育方式和方法

即时性评价在课堂的实施,促使教师在课堂中的角色重新定位,由过去传统课堂教学的管理者转变为引导者、传授者转化为促进者。与此同时,教师的教学策略和方式也发生相应改变,它强调以学生为中心,重视学生的参与,鼓励“师一生”“生一生”之间的互动交流,使教与学双方主动地发挥自身的主观能动性,从而达到相互促进、教学相长的目的。

2. 诊断性评价

进行诊断性评价是为了摸清教学的基础,使教学满足学习者的需要。教师在教学前对学生所进行的诊断性评价是使教学更有针对性,而不是给学生贴标签,教师要根据诊断结果设计出一种可排除学生学习障碍的教学方案。另外,通过诊断可以辨认出哪些学生已经掌握了过去所学的全部教材内容,哪些还没有掌握,已达到了什么程度,设计出适合不同学生学习的教学计划。

在一门课程或一个新单元开始的时候,传统的做法是使所有的学生都从一个假设的“零点”起步。也就是假定没有学生掌握了计划好的任何一项目标，但所有的学生都具有开始学习该教程或该单元的认知、情感和技能方面的先决条件。这种对教学背景相同性的假定是不可靠的。而诊断评价的一个重要功能是辨别哪些是高出或低于零点的学生，这样就可以把他们分置在对他们最有益的教学程序中去。

教学过程中所做的诊断评价，其主要作用是确定学生对教学目标所掌握的程度，找出造成学习困难的原因。学习困难的出现，可能与教学目标制定的不适当、教学的方法或教材的难度有关。如果这些都不是困难出现的原因，那么，教师就需要考虑学习上的困难是否涉及身体、情感、文化或环境影响等方面。针对具体情况加以指导，使教学得以顺利进行。

3. 形成性评价

除书面测试之外，还有其他的方法可以对学生的进步做出论断，其主要目的是测定对某一具体学习任务的掌握程度，并指出还没掌握的那部分任务。也许，从反方面来描述会说得更加清楚一些，形成性评价的主要目的不是给学习者评定成绩或做证明，而是既帮助学习者也帮助教师把注意力集中在达到掌握程度所必须具备的特定知识上，试图观察潜在的先决行为。

形成性评价概念的提出者斯克列文(Scriven)指出，一旦一门课程最终制定完毕，与之有关的各方均会拒绝接受会导致重大变更的证据。他的观点是形成性评价涉及编制和试验一门新课程的期间，收集适当的证据，作为今后该课程修改的基础。一般认为，形成性评价不仅对课程编制有用，而且对教师的教与学生的学也是有用的。因此，形成性评价是在课程编制、教学和学习的过程中使用系统性评价，以便对这三个过程中的任何一个过程加以改进。

在进行形成性评价时不评定等级，只找出不足的原因和所犯错误的类型，要尽量缩减那些判断性见解。只有对评价不带有任何要评成绩的联想，被评者才不致害怕，而看作是一种帮助。为达到形成性评价的目的，往往要频繁地进行，每当一种新技能或新概念的教学初步完成时，就应进行形成性评价，在教学技能训练中所进行的评价就是形成性评价，只指出优点和不足，不评定成绩。

4. 终结性评价

一个学期、一个教程或一个学程结束的时候，都要进行评价，以便进行分等级、鉴定、评价进步，或对课程、学程以及教学计划的有效性进行研究，我们把这类评价称为终结性评价。在中学阶段，终结性评价在一门课程中要进行两三次，其会对学习或教学的效率，对学生、教师或教材做出判断。在中学阶段，每隔四到六周就要进行以评定成绩为目的的教学评价。

终结性评价的目的则是对整个教程或其中某个重要部分进行较为全面的评定，以评价学生对几种新技能或新概念掌握的情况。然后把给学生评定的成绩报告家长或学校的管理人员。

终结性评价的绝对必要的特点是注意测试题目的效度和信度。

在课堂教学中，常用的评价类型是诊断性评价和形成性评价，即在教学过程中对教和学的情况进行诊断和评价，以便随时获取反馈信息，调节教学方法和进度，使教学逐步完成教学目标所规定的各项教学任务。大多数评价的目的不是评定成绩和等级，而是提高课堂教学的质量和效率，使所有学生都能掌握学习内容。

第二节 中学生物课堂教学评价标准

对于教学质量的评价标准，既是对学生学习能力和学习成绩上的变化做出评价的过程，也是对教师的教学能力和效果做出评价的过程。因此，既要重视教学工作的终结性评价，更要重视形成性评价，以便改进教学。在评价中，标准的确定是一个根本问题，标准是目标的体现，从不同的方面反映目标，是对构成教学系统的各要素进行评价。

一、评价标准的设计过程

1. 要素的分解

从系统的思想、整体的观念出发，课堂教学的质量结构是由多个要素构成的，在制定评价的标准时，首先要对构成系统的要素进行层层分解，直到分解成可见可测的要素。这些可见可测的要素便是我们需要评价的指标。为了保证评价指标的完整性，在因素分解时，除了要注意那些表面上的可见因素外，也要注意那些看不见的潜在因素，并把这些潜在因素用可见因素来表述，以便于观察和评价。

2. 要素的筛选

在分解出的众多因素中，有的能反映教学质量的本质，有的不能反映；有的有因果关系，不能单独评价；有的相互矛盾；有的内涵一样，但表述形式不同等。因此，要对分解的指标要素进行分析处理，把内涵相同的合并，把次要的、矛盾的、不能单独使用的删除。经过处理后，指标的条目精简、明确、集中，便于实施。要提高指标的质量，以保证评价的有效性。

筛选指标的方法目前有经验法、聚类分析法、因素分析法、层次分析法和调查统计法等。因为调查统计法是经验法、模糊评判法和统计法的综合运用，所以指标的筛选一般选用调查统计法。其优点是可以广泛吸收有经验的教育工作者、专家、教师的意见，有可靠的实践基础，又能采用数理统计方法，有科学的理论依据。具体的做法是把初步拟定的指标制成问卷，发给有经验的教育工作者，请他们按要求对每项指标做出判断。根据收回的问卷统计每项指标的得分和评定重要程度的人数比例，按每项指标的得分高低或重要程度比例高低顺序排列，把低于某数值的指标删除，就得到经过筛选的指标。

3. 指标的检验

筛选后的指标是否符合质量要求，要进行信度和效度检验。

信度是衡量评价结果的稳定性和可靠性程度的标志，是检验评价指标质量的重要标志之一。采用半信度法、库里信度公式法等均可检验指标的信度。

效度是检验指标评价结果的有效程度，检验是否评价到了要评价的东西。可以用内容效度和效标关联效度进行检验。内容效度实际是逻辑效度，可用广泛征求意见的办法测定。效标关联效度分预测效度、同期效度。预测效度是先用评价指标评价一些课程，整理出评价结果，待一定时期后再用其他指标评价这些课程，计算两次评价结果的相关性，相关程度高说明第一次评价指标的效度高。

4. 指标的权重

评价指标的权重是每项指标相对重要程度的标志。只有赋予不同指标应有的权重，才能使评价结果反映教学质量的真实情况。确定指标的权重可用调查统计法、层次分析法等。

调查统计法是经验法与统计的结合，是定量与定性统一的一种方法，简便易行，信度高。具体做法是把确定下来的评价指标按级制成问卷，请有经验的教育工作者按重要程度对每项指标做出判断，统计每项指标的平均分，再按指标的隶属关系归一化处理，就得出每项指标的权重。

层次分析法是一种多目标、多准则决策的方法，近几年也用来确定评价指标的权重。用层次分析法确定权重的方法，把评价指标两两比较。首先甲与乙比，同等重要记 1 分、稍微重要记 2 分、重要记 3 分、很重要记 4 分、非常重要记 5 分；然后乙与甲比，取倒数的法则记分，依次比较出所有指标的权重。

二、三维目标下生物课堂教学评价的一般标准

（一）评教学思想，看方向的正确性

1. 发挥教材的智力因素，促进知识转化为能力

课堂上要看教师是否发掘出了知识的智力价值，使学生在理解运用生物知识的同时，学习和掌握了凝集于知识之中的方法和智慧；是否寓能力的培养于学生探求知识的活动之中，课堂教学每一步是否都能调动思维。

2. 挖掘教材内在的思想性，把教书育人融为一体

课堂上要看教材内在的思想教育因素是否得到挖掘，是否注意了在传授生物知识的同时，有机地渗透思想教育，还要看是否注意了学习目的、态度的教育和学习意志、习惯的培养。

3. 主体主导两统一，调动学生主体学习积极性

课堂上要看教师是否把教学的情景、动机交给学生，引导诱发内因，激发主动性；能否对学生的表现给予公正、积极的评价，调动积极性；教师设置“障碍”、引导“跳跃”是否恰到好处，满足了求知欲，提高了兴趣，而且通过努力能使学生摘到“果实”。要看学生是否勇于实践、动手动脑，积极参与知识获取的过程；能否举一反三、灵活运用，促进知识内化。

4. 面向全体施教，注意教学层次性

课堂上要看教师设置的疑难问题能否最广泛地调动学生的思维；是否采取了恰当的形式；是否因人制宜地分层次提问；是否给了中下等水平学生表现的机会。要看教师是否耐心启发，及时化解思维障碍；是否悉心捕捉后进生的思维闪光点，予以鼓励；是否真正地关爱学生、关心学生的心理健康，使学生乐中学、学中乐。

(二)评教材处理,看运筹的科学性

1. 教材内容正确理解,融会贯通

要看教师知识的传授有无科学性错误;对教材内容是否成竹在胸;是否明确教材的来龙去脉;是否掌握了本节课教材在全章节的地位与作用;是否抓住了教材的特点;能否厘清知识系统,挖掘内在联系,把握住知识整体结构。

2. 教学目的明确切实,重点突出

要看教师确定的教学目的是否切合实际,是否把教学目的明确地交代给了学生;课堂环节、教学手段是否明确地体现有关的教学目的;是否尽快接触重点内容的教学、使教学时间得到保证;重点的知识和技能是否得到巩固和强化。

3. 教学内容编织合理,难易适度

课堂上要看教师教学是否分清了主次,抓住了重点,把握了关键;教师是否注意了知识的系统性和连贯性;是否对教材的深度、广度、难度、进度、训练的强度及要达到的程度有全面的考虑,通盘安排,适度要求;教学思路是否清晰,前后衔接是否紧密;突破难点、疑点的手段是否有效;练习与提问的设计是否科学、有计划与梯度,且针对性强。

(三)评教学方法,看驾驭的艺术性

1. 教法灵活　启发探究

课堂上要看教师运用的方法是否恰到好处,引人入胜;是否努力创造“最近发展区”,把握学生发展的最大可能性,提供富于结构的直观材料或巧妙的演示实验,引导学生观察分析、主动探究,体现了一定的思维力度;是否善于指导、点拨、引导学生带着问题独立钻研、顺利释疑;学生是否敢于质疑问难,提出的问题是否抓住要害,具有“研究价值”;学生发言、讨论是否积极,思路是否清楚。

2. 联系实际　因材施教

课堂上既要根据本班学生实际安排基本的教学内容,提出共同的教学要求,又要根据学生的个别特征和现有可能,适当增删教学内容,提出不同的要求,采取不同的方式方法,布置不同的作业,使每个学生在不同的起点上都有收获和提高。教师给出的直观材料要符合学生知识、生活的实际,提出的问题要适合学生思维,教学方法和教学措施也要符合学生的心理特征。

3. 反馈及时　环节协调

课堂上要看能否保持教学信息传输的通畅;教师能否根据学生的学情(学生的表情变化,思考问题的速度,学生活动的进程,口头、书面和实验表达方式的准确性等)及时调整教学节奏;能否根据具体情况,对各个环节的内容和顺序提出创意性的组合;各个环节是否联系紧密、协调有度。

(四)评教学素养,看功底的厚实度

1. 基础坚实　素质过硬

课堂上要看讲授的生物知识的外延、内涵是否准确、科学,深入浅出;是否体现了生物知识的系统性和内在联系;教学思路是否富于逻辑,推理是否严密;能否充分利用实验和其他直观教具,实验操作是否规范、熟练;能否根据需要改进或设计新的实验,提高挑战性。

2. 教态和蔼　为人师表

课堂上要看教师的举止是否文明、自然,教态是否亲切和蔼,衣着是否整洁,仪表是否端庄。

3. 富于修养　功底厚实

课堂上要看教师是否善于组织学生展开学习、探究活动体现新"课标"精神;是否采用普通话讲课,语言准确、生动、精练,声音洪亮,速度适中;是否富于教育机智和应变能力,妥善处理偶发事件;反应是否敏捷,提取知识是否迅速;是否能敏锐地洞察学生心理活动,机灵地驾驭课堂;是否能流利地板书,内容精当,脉络清晰,字迹工整,利于学生把握要领。

(五)评教学效果,看目标达成率

1. 任务完成　结构紧凑

要看这堂课应有的教学任务和内容是否完成,安排是否适当,课堂结构是否紧凑,教材内容与时间分配是否合理,是否遵守时间标准,压缩到最少必要时间,即课堂教学的单位效率是否达到最优化标准。

2. 目标落实　效果显著

课堂上要看能否看得出学习进步的过程;能否通过学生的书面作业、口头回答,学生质疑的价值,即效检验以及观察学生的面部表情、动手操作等反馈信息,看学生受益面的大小和程度的高低,看学生对新授知识掌握的情况;要看在教师的引导下,全体学生是否挖掘了潜力,进入了"最近发展区"

并转化为“现实发展区”，基础知识是否真正掌握，基本技能是否学会，能力是否得到发展。

3. 气氛和谐　反应热烈

课堂上要看学生智力活动的活跃程度如何：思维是否处于积极状态，气氛是否和谐、活泼，师生信息交流是否畅通，情感交流是否融洽，是否形成了研究问题的气氛，是否高潮迭起，是否教师教得轻松、学生学得愉快。

4. 教学和谐　健康成长

不应孤立地看一节课，而应把本节课放到它在总体中所占的特定地位加以考察，进行全面的科学分析，作出客观的评价；不要以考出的分数为唯一的标准，而要看对学生的发展和健康成长是否有利，并以最终成为怎样的人这一最高教育目标为参照。

中学生物课堂教学评价表见表 2－1。

表 2－1　中学生物课堂教学评价表

课题							
评价项目		评价指标		评价等级			
		一级指标	二级指标	优秀	良好	一般	较差
教学设计	教学目标	制定依据	1. 依据课标要求、教材内容、学科实际和学生情况制定教学目标				
		可操作性	2. 制定的教学目标全面（体现三维目标）具体、明确达到各个水平的要求，能有效地把教学目标转化为学习目标，符合学生年龄和认知规律				
	教学内容	教材处理	3. 把握教材中各个栏目设置的宗旨、内容和课标中的教学建议并内化为自己的品质				
			4. 联系生产、生活实际，设计的问题具有典型性、探究性、开放性、实用性				
			5. 教学设计符合教学内容和学生实际，层次分明，思路清晰、连贯				
		课程资源	6. 注重教材重组和加工，合理组合教具、运用现代化教学手段和传统的教学手段进行辅助教学，让学生感官参与学习				

（续表）

课题							
评价项目		评价指标		评价等级			
		一级指标	二级指标	优秀	良好	一般	较差
教学过程	教学基本策略	教学行为	7. 教师解决、组织好各种形式的探究活动，注重典型问题和疑难问题的启发、引导，为学生自主发展提供时间和空间				
		学法指导	8. 引导学生运用正确的方法去观察、调查、收集和整理资料，通过师生互动、生生合作实现课堂信息交流 9. 最大限度地调动学生学习的内驱力、教会学生学会学习，让学生体验知识的形成过程，具有良好的思维状态				
		实验教学	10. 充分利用学校现有的设备、材料。提供、创造条件开展实验探究，培养学生的多种能力				
		教学环境	11. 以学生为中心营造一个民主、平等、愉悦的教学环境				
	教师基本功	教师硬件	12. 语言精练、科学、有感召性，教学技术娴熟（板书，挂图，教具，多媒体等） 13. 驾驭课堂能力强，教学环节自然顺畅，教学有自己的风格与特色				
学习效果	目标达成度	学习结果	14. 达到预定的教学目标 15. 全体学生的各方面能力都得到相应的发展 16. 学生敢于提出建设性意见和具有质疑精神				
		学习状态	17. 学生注意力集中、兴趣浓、参与广，思维有深度				
	评价	作用评价	18. 适时、公正、积极评价学生的学习活动，方式多样，具有激励性				
		内容评价	19. 注重三维目标的评价				

简要评语：

评课人：　　　　　　　　等级：

三、安徽省中学生物课堂教学新课程评价标准

(一)概述

课堂教学是中小学教育的基本组织形式,是实施新课程的基本途径。课堂教学质量如何,不仅关系到课程改革的成功与否,而且在很大程度上决定着学校教育水平的高低,影响学生的发展。因此,以新课程的教学观和评价观为指导,建立一套适合新课程实施的课堂教学评价体系,制定新课程的生物课堂教学评价标准,是十分必要的。

1. 指导思想

本标准以发展性评价理论以及现代教育理论为指导,以中学生物课程标准为依据,以新课程实施为平台,树立新课程的教学观和评价观,从以评价教师的"教"为主转向以评价学生的"学"为主,从学生的参与状态、交往状态、思维状态、情绪状态等来评价课堂教学,制定"多元、协商、发展"的中学生物课堂教学发展性评价方法。

2. 预期目标

本标准通过在中学生物课堂教学实施发展性评价,转变教师的教学观念,改善教学行为,优化课堂教学,提高教学质量与水平,促进教师与学生的共同发展。

3. 研究意义

本标准重构平等、民主、和谐的新型生物课堂,强化教师专业发展主体意识,促进教师专业可持续发展,推动我省中学生物新课程改革,构建具有学科个性的中学生物课堂教学评价指标体系。

(二)评价原则

生物课堂教学评价是以课程标准为依据,运用可操作的科学手段,通过系统地收集有关教学的信息而对教学活动的过程和结果做出价值上的判断,并为评价者的自我完善和有关部门的科学决策提供依据的过程。在基础教育全面改革和发展的今天,新课程的教学评价主要体现在以下几个方面:

1. 导向性原则

中学生物课堂教学评价标准应具有明确的导向性,要充分体现中学生物课程改革的指导思想。通过评价使评价对象的理念和实践行为适应新课程实施的需要,提高课堂教学质量。

2. 可操作性原则

其一，课堂教学评价标准要着眼整体的综合评价，标准不宜过细地分层，不宜机械地分解，尤其不要按照某种教学程序分解，更不能搞机械唯物论的量化、打分，要给教师创造性的教学和展现教学风格留有空间，提供平台。真正成为教师不断改进课堂教学，提高课堂教学质量，促进自身专业发展的过程。其二，发展性评价的特点之一是评价主体的多元，评价者有教研员、教师本人以及同伴。因此，评价标准体系要科学简明、容易操作。

3. 可接受性原则

课堂教学评价标准要改变教师被动接受评价、评价者与教师缺乏积极有效沟通的状况，要得到教师的认同，为教师所接受。标准的描述语言要通俗易懂，易为被评价者所接受。

4. 发展性原则

中学生物课堂教学评价标准要突出课堂教学评价促进发展的价值，充分发挥改进课堂教学、提高课堂教学质量的功能，充分发挥促进教师专业发展的功能。这是进行新的课堂教学评价的根本目的，要通过评价激发教师自我改变、自我完善、自我发展、自我超越的积极性和主动性。

(三)评价项目

1. 教学目标的评价

教学目标是教学中师生所期望达到的学习结果的标准，是教学的出发点和归宿。设计教学目标必须全面掌握课程标准、熟悉教学内容、了解学生制定的目标，要全面、准确、具体、可行，要体现“知识与技能、过程与方法、情感态度与价值观”的统一。

2. 教学过程的评价

教学过程是教师将书面教学设计转化为课堂教学形式的创造性劳动。对教学过程的评价，应从以下几个方面评价：首先，关注教师角色的转变；其次，关注教师为实现课程三维目标所运用的教学方式；最后，关注学生在课堂教学中的表现与收获。

在具体评价中，主要关注教师和学生这两大主体：

(1)看教师

教师是否以新的课程理念为指导进行课堂教学设计，积极为学生创设学习情景，在生物课堂教学中起引导者、组织者作用；采用的教学方法、手段是否科学、合理、恰当；是否有效利用教学中的课程资源；是否有扎实的生物教学基本技能。

(2)看学生

教学的根本宗旨是使学生得到有效发展。学生在生物课堂教学中是否处于主体地位；是否体验了知识的形成过程；是否实现了大多数学生乃至每一位学生有效学习和主动发展。

3. 教学效果的评价

一节好课不仅要看过程，还要看结果，评价一节课成功与否，效果很重要。一方面看三维目标的达成，主要体现在看学生知识增长、学习方法获得、信念和价值形成；看课堂氛围是否生动活泼，学生是否乐意参与探究交流，有情感体验；是否能引发学生继续学习的意愿。另一方面看是否短时高效，有些课单纯从效果看可以，但如果从效率、效益综合上来考虑就不尽如人意了。如有的课是教学进度慢、量小，当堂任务没完成，这不能算是好课。而有的课堂有太多探究、合作活动，用时太多，这是学生用较高的代价获取较低的效益，这也不能算是好课。

4. 教学方法与手段评价

教学方法是为了完成一定的教学任务，师生双方在教学活动中采用的手段(或策略)，既包括教师教的方法，也包括学生学的方法。教学方法是为实现教学目标服务的，所以教学方法选择得是否恰当，直接关系到课堂教学效率的高低。教学方法、手段要因教学内容、学生、教师、物质条件的不同进行灵活选择和运用。教师在选择教学方法之前，要认真地钻研课程标准，掌握教材的特点，要深入地了解学生的学习基础、智能水平，掌握生物教学中各种教学方法的特点、适用范围与条件，最优化地选择和运用适合学习需要的教学方法和手段。同时要适时、适量、适当地运用多媒体辅助教学，以便提高课堂教学效率。

5. 教学能力的评价

教师是否具有扎实的教学基本功(如板书、多媒体技术应用等)；语言是否有感染力和亲和力；是否有熟练的生物实践操作技能；是否有较强的应变能力。

6. 教学特色评价

教师是否凸显出独特的教学风格，扬长避短，发挥自己的优势和特长；教学是否有创新。

中学生物课堂教学评价表见表2-2，合肥市中学生物课堂教学评价表见表2-3。

表2-2 中学生物课堂教学评价表

学校		评课时间			
课题		任课教师			
评价项目	评价内容		评价结果		
			A	B	C
教学理念	1. 教学设计面向全体学生，尊重个体差异，促进每个学生主动发展				
	2. 教学设计有利于提高每位学生的生物科学素养				
	3. 教学设计力图改变学生的学习方式，倡导探究性学习				
教学目标	4. 有明确的知识、能力、情感态度与价值观				
	5. 体现生物学科特点				
	6. 符合学生年龄和认知规律，符合课程标准要求				
教学过程	7. 教师为学生创设主动参与、大胆探究的教学情景				
	8. 教学设计符合教学内容和学生实际、层次分明、思路清晰				
	9. 通过师生互动、生生合作实现课堂信息交流				
	10. 让学生体验知识的形成过程，具有良好的思维状态				
	11. 全体或绝大多数学生参与有效学习活动				
教学手段和方法	12. 从实际出发积极运用现代化的教学手段辅助教学				
	13. 教学手段运用的熟练、准确、科学并符合生物学科的特点				
	14. 教学方法灵活，适合课标、教学内容和学生				
	15. 有学法指导，体现教师是组织者、参与者和引导者				
教学效果	16. 实现“三维目标”				
	17. 课堂气氛融洽，师生平等、和谐、互助				
	18. 探究时不仅注重过程，也注重总结和反思				

（续表）

学校		评课时间			
课题		任课教师			
评价项目	评价内容		评价结果		
			A	B	C
教学能力	19. 教学基本功扎实				
	20. 驾驭课堂能力强，课堂评价积极、适当				
	21. 合理开发和利用课程资源，体现“用教材教而不是教教材”				
	22. 实验操作规范、准确、熟练，指导到位				
教学特色	23. 教学有创新、有个性，形成特点与风格				
简要评语		级数合计			
		等级			

评课人（签字）______

注：(1)在评价等级中，A 级为达标，B 级为基本达标，C 级为未达标，在相应的空格内打“√”。

(2)优秀课：A 级占 19 个以上（教学理念、教学目标、教学效果必须为 A 级），C 级占 2 个以下；不合格课：C 级占 7 个以上；合格课：介于优秀课和不合格课之间。

表 2-3　合肥市中学生物课堂教学评价表

评价指标	评价要点	质量标准	符合程度	
			评价分值	得分
教学目标（10分）	符合课标要求和学生实际的程度	1. 知识、能力、情感态度与价值观等方面符合课标要求，符合学生的心理特征和认知水平，关注学生的差异	8	
	可操作的程度	2. 教学目标明确、具体、可行	2	
学习条件（10分）	学习环境的创设	3. 教学氛围、学生心态调整、教具及教室环境等学习环境有利于学生身心健康和教学目标的实现	5	
	学习资源的处理	4. 科学选择和处理教学内容，学生学习活动的材料充足，选择恰当的教学手段，突出重点、突破难点、抓住关键点，教学容量适当	5	

（续表）

评价指标	评价要点	质量标准	符合程度 评价分值	得分
学习指导与教学调控（10分）	学习指导的范围和有效程度	5. 为学生提供平等参与的机会，对学生的学习活动进行有针对性的指导，富于启发性，根据学习方式创设恰当的问题情境，及时采用积极、多样的评价方式	5	
	教学过程调控的有效程度	6. 根据反馈信息对教学进程、难度进行适当调整，合理处理临时出现的各种情况，应变能力强	5	
学生活动（15分）	学生参与活动的态度	7. 对问题情境关注，参与活动积极主动	5	
	学生参与活动的广度	8. 学生参与活动的人数多、方式多样、时间适度	5	
	学生参与活动的深度	9. 能提出有意义的问题或能发表个人见解，能按要求正确操作，能倾听、协作、分享	5	
课堂气氛（10分）	课堂气氛的宽松度	10. 学生的人格受到尊重，鼓励学生讨论、提出问题和质疑，张弛有度	5	
	课堂气氛的融洽度	11. 课堂气氛活跃有序，师生、生生交流平等积极	5	
教学效果（15分）	目标的达成度（基础知识基本技能）	12. 基本实现教学目标，多数学生能完成学习任务，每个学生都有不同程度的收获	7	
	解决问题的灵活性（形成能力）	13. 部分学生能灵活解决教学任务中的问题	4	
	师生的精神状态（情感态度价值观）	14. 教师情绪饱满、热情，学生体验到学习和成功的愉悦，学生有进一步学习的愿望	4	
教学基本功（基本素质）（15分）	教态、语言、板书及学科专项基本功状况	15. 教态自然大方，语言准确、流畅，板书设计科学合理、重点突出，教师学科专项基本功扎实	15	

（续表）

评价指标	评价要点	质量标准	符合程度	
			评价分值	得分
学科特色（15分）	注重生物实验教学	16. 根据实际能有效地组织、指导学生完成课程的实验教学内容，能恰当地根据课程内容补充实验教学	5	
	联系学生身边科学	17. 能结合教学内容，联系和鼓励学生参与、解决相关的生活、生产实践的问题；能关注生命科学的发展与教学的结合	5	
	教学资源的直观性	18. 能根据教学内容准备相关的实物、模型、挂图、电子课件等。直观材料的展示、运用恰当准确	5	
评价等级			100	
评语				

第三节　课堂教学评价中学生的主体地位

目前，我国高中生物教学的总体情况是，大多数生物课堂都存在着一些相似的缺点，那就是忽略了学生在课堂教学中的主体地位，都是教师在课堂上一味地讲课，而忽视了学生是否真正学到了课堂上教师所讲的知识。因此，教师要改变“满堂灌”的教学模式，让学生在课堂上有充分的发言权。只有广大中学生物教师积极改善教学现状，才能更好地提高学生在教学中的主体地位，提高教学效率。

一、在预习中突出学生的主体地位

在中学生物教学中，生物知识繁多，不仅需要课堂上学生的细心学习以及课后的及时复习，还需要广大中学生做到在课前进行适当的预习。在以往的生物教学中，老师一般不会对学生对课本的预习进行检查督促，这也就造成很多学生不重视预习，或者是老师对预习功课的检查只停留在简单的概括层面上，这就导致学生并不能从心理上重视预习的过程。作为中学生物老师，需要在检验预习功课时，把学生放到主体地位上。比如说，老师可以对学生进行预习内容的提问，对回答正确的学生加以表扬，对回答错误的学生提醒他上课认真听讲。老师还可以实行趣味教学，让学生之间互相提问，或者分成小组进行提问竞争。这些方法的改善，都能够在一定程度上突出学生的主体地位，让学生在课堂上多说话、多提问、多思考，而不是一味地跟着老师的教学步骤走。没有学生主观能动性的课堂，一定是被动的、消极的课堂。

二、在讲课中突出学生的主体地位

以往传统意义上的生物课堂教学都是老师在前面讲课，学生在下面听课、记笔记，学生的思维都是由老师进行引导。为了更好地调动学生在课堂上的积极性，改善学生上课开小差的情况，老师需要创新课堂教学模式，为课堂增加新鲜的元素。比如说，老师可以把多媒体引进课堂，让学生走上讲台操作多媒体；利用多媒体进行提问；给出一个重点题目，让学生之间进行讨论。这样的方法能够让学生在老师的引导下更好地参与到课堂中去，发挥学生在课堂中的主体作用。老师还可以把讲课权放到学生手中，让学生充当一回小老师。学生只有站在老师的位置上，才能感受到教学的重点是什么、难点是什么，在讲课时才能明白哪里是易错的地方、哪里是学生容易忽略的地方。此外，老师还可以让学生集体评论和提出疑问，这样有利于学生之间互相完善对方的思路和想法。生物是一门需要实验的课程，具有一定的动手操作性。作为中学生物老师，不能剥夺学生动手操作实验的机会，更不能用语言授课代替实验过程。在实验过程中，老师要放手让学生去实践，在学生出现疑惑时，老师可以适当地加以指导。只有这样，才能充分发挥学生在教学过程中的主观能动性，这也有利于学生更好地、更有效率地学习知识。

三、在合作学习中突出学生的主体地位

随着近年来课改的实行，合作学习法被引用到很多教学中，中学生物教学也不例外。合作教学顾名思义就是老师把学生分成几个小组并且以小组为单位进行竞争合作学习。在小组合作学习的过程中，生物老师首先应该进行合理的分组，以达到每个小组的实力均衡，每个小组都应该有学

习好及学习稍差的学生。老师还要根据学生的个人特点作为分组要素,比如A同学善于领导,B同学善于记录等,这些都是在合作学习中需要的元素。老师作为裁判和出题者,需要给每个小组分配等量的教学任务。在小组讨论过程中,老师尽量不要干预,尽量做到让学生自由发挥、充分讨论争辩,这样的过程是学生思维火花迸发碰撞的过程,也是学生积极参与的过程,这在一定程度上更好地把学生放到了主体的教学地位。当学生在合作学习中遇到困难时,老师需要帮助学生及时解决疑惑以便合作学习更好地完成。在合作学习完成之后,老师要带领学生进行一定的评价,以便下次合作学习更好地完善。在学习过程中,同组学生之间的合作,让学生讨论得更加充分,不同组之间的竞争促使每个学生都有更强烈的主人翁意识,意识到一定的集体荣誉感,意识到自己应该为所在小组贡献一份力量。同时,在合作学习过程中,还能够督促平时会走神的学生积极参与到讨论中来,学生之间互相监督、互相提醒、互相帮助,有利于学生更好地投入到学习中。

总而言之,中学生物教学旨在培养学生的自主创新学习能力,而不是一味地让学生跟着老师走,处于被动学习的地位。中学生物教学需要学生发挥主观能动性,变"要我学"为"我要学",要充分发挥课堂中学生的主体作用。只有这样才能真正实现高效课堂。中学生物课堂教学中学生主体地位的体现,需要广大中学生物老师有意识地去改善教学,完善教学中的不足,让学生在课堂中多提问、多思考、多实践,要从学生的兴趣和需求出发,只有这样才能够更进一步地发挥学生在课堂教学中的主体地位。作为学生,也应该积极配合老师的教学步骤,与老师一起,共同实现教学过程的完善。

第四节　课堂教学评价中教师的主导地位

新课改强调,课堂教学要以学生为主体,教师为主导,这一论述有力地指明了课堂教学师生二元重要参与要素在课堂教学中的地位与作用。

一、课堂教学中教师的主导地位不容忽视

在日常课堂教学中笔者发现，由于新课改过于强调学生在课堂教学中的主体作用，以至于误导了一部分老师，这部分老师在教学中备课想着学生，上课盯着学生，课后念着学生。问题是，他们在关注学生的同时，没有足够重视教师这一课堂的设计者、引领者和重要参与者的主导作用。

笔者此前思考过的教学设计中由原来“教学目标”变为倡导“学习目标”的这一转变，其实正映射出教育改革中的一种矫枉过正的现象。关键是这一论述的转变直接影响某些教师教学指向的转变，积极的方面就在于教师在课堂教学中知道重视学生的主体地位了，但消极方面同时也表现为不够重视教师的主导作用。首先，教师要重视自己在课堂上的主导地位，教师要清醒地认识到课堂的成败关键在自己。如果要从理论上提醒自己重视自己在课堂教学中的关键作用，我想首先把教学设计上的“学习目标”再表述为“教学目标”。因为只有清楚地明白了教学设计中教师教的作用和学生学的作用同等重要，那么，教师在教学设计时才可能同等重视教的(主导语的设计)和学的(学生课堂行为活动的设计)。其次，教师在备课时要备好教师课堂上的“主导语”。备好教师课堂上的“主导语”包括备好“课堂预设主导语”和“课堂生成主导语”。“课堂预设主导语”包括导入语、学生课堂活动的引导语、课堂问题的切入语、教学环节间的转换语、课堂教学评价的评价语、课堂小结语等。“课堂生成主导语”就是指在课堂教学中，师生、生生、生本之间课堂碰撞过程中所发生的非预设性课堂情况的应对语。例如一位教师讲授的“基因是有遗传效应的DNA片段”让我印象深的有两个地方，一个地方是该教师在组织学生小组讨论时没有预设小组讨论的指导语，那小组讨论时当然就比较乱了。小组内有立刻就开始讨论的，有先研究文本再讨论的，有不参与讨论的；有的组有讨论结果的记录者，有的只讨论而没人组织记录讨论结果。这种情况的出现，笔者认为主要是该教师在备课时忽略了教师作为主导者的课堂存在作用，更没有科学合理地设计好“课堂预设主导语”。笔者最近听的一节校级评优达标课中，该教师也出现了同样的问题。前一位教师上课时甚至出现了一位同学回答问题后该教师竟然没有任何评价语，也没有提示让该生坐下。这都是因为教师在备课时没有备好教师课堂

第三章　生物课堂评价的基本方法

第一节　生物课堂中教师讲授技能的观察

一、观察背景

(1)任课教师；

(2)授课班级；

(3)观察内容:生物课堂中教师的讲授技能。

二、教学背景分析

(一)教材分析(举例)

本节课内容选自浙科版高中生物必修一中第三章“细胞的代谢”的第二节“物质出入细胞的方式”,包括扩散、渗透、被动转运、主动转运、胞吐和胞吞,知识量比较大,而且相对比较重要。本节课属于细胞的基本知识之一,关于物质如何输入和输出细胞来维持细胞的正常代谢。任何一个生命系统都是开放的系统,都与外界有物质的交换。可见,本节课的内容对于学生理解细胞是基本的生命系统有着重要的意义。

(二)学情分析

我所观察的班级是高一(5)班,已经学习过了细胞的基本结构,了解了细胞由一层具有选择透过性的质膜包被着,为这一节课的学习打下了认知基础。同时,高一学生已经具备了一定的逻辑思维能力,相比于初中及以下的学生,思考的方向大大扩展了,对图表的理解能力也大大增强了,因此对熟练掌握本节课的内容有较强的能力。

(三)教学目标

1. 知识与技能

(1)简述渗透、被动转运和主动转运的特点;

(2)描述胞吞、胞吐的过程;

(3)解释植物细胞质壁分离及质壁分离复原现象;

(4)说明红细胞和植物细胞吸水与失水的原因。

2. 过程与方法

(1)在进行“活动:观察洋葱表皮细胞的质壁分离及质壁分离复原”时,尝试排除观察中无关因素的干扰;

(2)善于发现问题并积极参与讨论,探求新知。

3. 情感态度与价值观

尝试从不同的角度思考、分析和解释观察到的现象,树立实事求是的科学态度与价值观。

(四)教学重难点

教学重点:区分物质出入细胞的各种方式的异同。

教学难点:区分物质出入细胞的各种方式的异同。

三、观察方法与内容

课中观察(2015 年 10 月 18 日)。

(一)课前准备

课本(生物必修 1);观察秒表;笔记本和笔。

(二)观察位置的选择

本班一共有 40 个人,我选择的观察位置是教室后面的正中间,这样既可以观察教师在讲台上的行为,也可以清楚地观察到教室中每一个学生的一举一动。我主要观察教师与讲授技能有关的言行以及使用的 PPT 和板书的情况,还有整节课知识点的传授情况和学生上课的表现。

(三)观察内容

(1)课前:课前 5 分钟到达教室,我发现班级里大部分的学生都趴在桌子上睡觉,可能因为是早上第一节课,学生早自习朗诵以后犯困。只有少部分的同学低头写着作业，还有一些站在门外聊天，教室里比较安静。我随便问了几个学生的预习情况，并不是很理想，没有人预习过。在上课铃声响了以后，娄老师来到了教室，不过还是有一些学生趴在桌子上睡觉。娄老师喊了“上课”以后，学生起身开始恢复精神，大多数学生开始打开生物书，仅有少数学生在交头接耳。

(2)课中：根据之前确定好的观察目标进行细致地观察和记录。

(3)课后：统计记录数据并分析、反思，撰写课堂观察报告。

四、观察过程

教学设计见表 3-1 所列。

表 3-1　教学设计表

时间	内容	教师活动	学生活动	讲授技能评价
7:35—7:43 共8分钟	复习导入，复习上节课中关于 ATP 与 ADT 在相互转化过程中物质和能量的改变情况	1. 列出 ATP 的结构简式，从高能磷酸键入手，讲解断键的位置，引出释放的能量 2. 开始讲解 ATP 水解生成 ADP 释放的能量的来源和去向，其间涉及酸基团和磷酸分子的区别，指出磷酸基团需要与水反应才能产生磷酸分子，而这个过程在反应式里面并没有表现出来 3. 继续讲解 ADP 合成 ATP 时所需能量的来源和去向 4. 最后总结 ATP 与 ADP 的相互转化反应是不可逆的原因	大多数学生的注意力比较集中，认真听讲并且记笔记，但可能由于是第一节课，学生还没有完全进入学习状态，后排的两个男生在睡觉，前排有一个男生低着头，并没有看老师的板书	直入复习主题，对上一节课的重点内容进行强调，并没有反映 PPT，一直写板书，方便学生的摘抄

（续表）

时间	内容	教师活动	学生活动	讲授技能评价
7:43—7:45 共2分钟	作业本上的习题校对	1. 先把作业本上的答案校对一遍，报完选择题的答案，问学生有没有问题 2. 开始讲解学生提出疑问的题目——填空题第13题	大部分学生都翻开作业本进行认真的校对，由于晚自习实习老师讲解了一些作业本的选择题，学生并没有多大的问题，仅有2个学生低头不知道在干什么	1. 报答案可能不会很清楚，最好的办法是将选择题的答案写在黑板上，如果学生都很认真的话可以报答案 2. 与刚才复习的内容相互结合，帮助学生巩固掌握
7:45—7:51 共6分钟	讲授扩散的基本内容	1. 从葡萄糖放入清水使得整杯水变得很甜，提问学生为什么水变甜 2. 解答糖溶于水中，提问这是不是动态过程，水分子在不在运动 3. 引出糖分子和水分子在进行无规则的运动；解释扩散的概念：分子从高浓度到低浓度的运动；解释扩散的特点：分子自身从高浓度到低浓度 4. 让学生举例生活中存在的扩散的例子	95%的学生都在认真听讲，对于老师提出的问题进行了认真的思考，并给出了自己的答案，大多数的学生都能答对，关于生活中有趣的例子学生们进行了讨论，仅最后一排有一个学生在睡觉	1. 讲授时条理清楚、逻辑清晰 2. 按照PPT的顺序讲解，同时在黑板上写下扩散的定义和特点 3. 在讲关于生活中的例子时能较好地引起学生的学习兴趣

（续表）

时间	内容	教师活动	学生活动	讲授技能评价
7:51—8:00 共 9 分钟	讲授渗透的知识以及植物细胞质壁分离实验及其原因	1. 在讲完扩散以后，提出了一种扩散的特殊形式——渗透 2. 从扩散的定义引出渗透的定义，同时说明了能引发渗透的两个基本条件：需要半透膜和内外环境出现浓度差 3. 分别从红细胞和植物细胞在 3 种不同环境下细胞形态的变化来帮助学生区分动植物细胞的区别 4. 引出质壁分离的概念，只是稍微提及一点	1. 渗透中选择哪种分子进行运动极大地引起了学生的思考，多数学生对选择水分子还是溶质分子进行了探讨 2. 总体的学习氛围很好，有将近 99% 学生在听课	1. 教师语言幽默，引起了学生的兴趣 2. 讲授时用 PPT 将知识点转变为生动的图片，能更好地帮助学生思考和解决问题 3. 在黑板上把关于渗透比较重要的地方写了出来，包括渗透的定义和条件
8:00—8:05 共 5 分钟	讲授被动转运的基本知识	从以下两个方面展开： 1. 结合刚开始讲的扩散的定义和条件，提出：这里的扩散指的是自由扩散 2. 提出自由扩散是被动转运的一种，讲解被动转运的定义以及特点 3. 提出被动转运的另一种形式——协助扩散，讲解其定义、特点以及相应的例子	1. 多数学生对简单扩散和协助扩散两个定义产生了疑问 2. 学生认真地看 PPT 展示的 Flash 3. 100% 的学生认真记录老师的板书	1. 教师语言幽默，引起了学生的兴趣 2. 教师在 PPT 上展示被动转运的小动画，生动形象地解释被动转运的过程和原理 3. 教师在黑板上把关键知识写下来供学生记录

（续表）

时间	内容	教师活动	学生活动	讲授技能评价
8:05—8:10 共5分钟	讲授被动转运中协助扩散的例子和主动转运的基本知识	1. 直接让学生记忆协助扩散最重要的一个例子，同时强调了这个例子 2. 让学生看 PPT 上的表格，让学生思考“丽藻细胞运输物质的方式”，接着看 PPT 上的动画，引出主动转运这个概念 3. 在 PPT 上放映主动转运的概念以及其特殊的条件，并与被动转运进行比较	1. 10%的学生开始有些迷茫了，对主动转运的条件有些不大愿意识记 2. 大部分的学生在尝试努力理解这个内容	可能由于教师主要运用讲授法对本节课各部分内容以并列关系展开，所以学生在学习了协助扩散以后还没来得及进行区分和概括就又有了新的转运方式，导致学生的思维还没有快速地转变过来
8:10—8:15 共5分钟	用表格的形式对被动转运和主动转运进行总结	1. 在 PPT 上列出表格，对被动转运以及主动转运的转运方向、转运特点、转运条件进行总结 2. 总结完以后，用 PPT 展示另外两种物质转运的方式：胞吞和胞吐，同时讲解相应的例子，让学生翻到书本第 59 页课后阅读	1. 在老师的帮助下学生对表格的填写还是比较顺利地完成了，只能说大多数学生已经掌握，也不排除一些学生是听到其他学生的答案才知道答案的 2. 临近下课，学生的注意力有些不集中，对胞吞和胞吐这两个概念可能不是很懂，也没有记住相应的例子	1. 重新对被动转运和主动转运进行系统性的总结来强调这两个内容的重要性 2. 运用表格和板书相结合的方式加深学生对本章知识的巩固 3. 临近下课，对胞吞和胞吐讲得太急太快，学生可能不是很懂

五、观察结果分析

本课是典型的以讲授法为主、配合多媒体课件辅助教学的一堂课，从观察统计表可以看出以下几点：

(1)教师授课从复习导入开始，善于对重点内容加以强调，指出本节课的学习方法，渗透生物学思想，这些也体现在板书中。

(2)在整个课堂中，教师采用阅读、演示实验、列表比较、类比并加以举例的方式，对知识点的理解和区分有很大的帮助，同时也从侧面体现出对知识点的传授不仅仅限于传统的直接讲解，更多的是通过帮助学生理解的技巧来完成一堂课。

(3)在提问的过程中，教师尽可能地联系学生的生活经验，充分调动学生的积极主动性，让学生进行主动讨论和思考，并且通过对比的方式进行本堂课的学习，分析和解决遇到的问题，收到了很好的教学效果。

(4)教师的讲授语速适中、恰当、抑扬顿挫，教师的讲授过程有感染力、条理清楚、逻辑清晰、语言幽默，教师能激发学生的兴趣，教师能有激情地引导、启发学生的思维。

(5)本节课教师与学生互动环节较多，每次都能很好地将准备开始或已经走神的学生的注意力重新吸引回课堂上。由此，可以得出结论，课堂上安排适当互动环节，可以转不利为有利，既有助于吸引学生的注意力，增长学生课堂注意力集中的时间，又可以把学生注意力不集中这一不利因素的影响降到最低。

(6)从记录的情况可以看出，整节课的内容安排得有点紧凑，前面复习的时间有点久，导致新课的教授太快太赶，学生缺少自我思考的时间。

六、总结与反思

首先，我觉得采用 PPT 和板书两种教学手段同时进行教学时，学生既可以对 PPT 上的内容进行学习，又可以对黑板的一些笔记进行记录，两者相辅相成，对知识的巩固和掌握有着很大的帮助。所以，合理控制和分配 PPT 和板书之间的内容就显得至关重要。

其次，对于 PPT 的制作来说，不需要做得太花哨、华而不实。应该在有充分内容的前提下，做一些可以增加学生学习兴趣的内容，同时可以加入一些视频或者一些 Flash 小动画以加深学生对知识的掌握。关于板书，我们要记住，板书上面的内容是留给学生记录在书本上的，因为 PPT 会被点过去，而板书不会，板书会一直留到下课，因此板书的排版以及板书的内容我们都需要好好地斟酌，争取做到内容正确清晰，字漂亮而不杂乱。

最后，教授技能不应仅仅涉及 PPT 和板书的教学，还应注意到我们的语言。学生学习主要是靠听，如何使我们的语言变得生动有趣，能牢牢抓住学生的注意力是一门艺术，也是一种技能。生动的问题、抑扬顿挫的语气以及幽默诙谐的语句都可以引发学生的学习兴趣，进而能更好地教授知识，使学生能更好地掌握所需要的知识，从而提升教学质量。

第二节　观测生物课堂测验的妙用

在多年的生物教学中，笔者发现平行班的学生普遍存在一个问题：上课时好像都听懂了，但是考试却考得一塌糊涂，就算平时课堂经常强调的问题，也是错漏百出。究其原因，平行班中的学生基础本来就差，老师没有亲自监督，自觉性也就更差了。有什么方法可以改善这个问题呢？除了平时上课讲得生动些、有趣些，从学生感兴趣的问题入手等方法外，妙用课堂测验会有意想不到的效果。

一、小组式测验

在课堂教学活动中，为了提高师生之间、学生之间的交流互动，让课堂动起来，我经常根据班级实际情况和教学内容灵活地设计小组活动。例如，讲到必修一中对生物膜结构的探索历程，这是比较枯燥的内容，如果按平时的教学方法，学生一点兴趣也提不上来。课堂气氛异常沉闷，所以我采用小组竞赛的形式，提出了 6 个时间，让学生在书本上找出对应的人物和实验结论，时间为 5 分钟。6 个时间分别是 19 世纪末、20 世纪初、1925 年、1959 年、1970 年、1972 年。前面 4 个问题按顺序每组回答一个问题，然后第 5 题男生回答，第 6 题女生回答，找完自己组问题的答案再找其他组问题的答案。由于运用了竞争机制，学生很要面子，都非常配合，每个小组成员间互相讨论、争先恐后、积极看书、各抒己见，沉闷的课堂气氛顿时活跃起来。通过小组活动，男女对抗，学生锻炼了独立思考问题的能力，在交流和展示中充分表现了自己。我认为，用小组竞赛的方法让学生自己表演，改变以往"满堂灌""填鸭式"的教学方法，对提高学生学习生物的兴趣有相当大的促进作用。

二、试卷式测验

每一章都有一个单元测试用来考查学生的学习情况，我觉得试卷形式的测验也是一个很好的反馈方法。我教的平行班，学生的基础差，信心严重不足，导致学生自暴自弃。面对这样的班级，我觉得最重要的是通过测试让他们重新树立信心。为此，我首先把试卷的难度降低，出一些基础的题目，有相当一部分学生已经接触过，这样他们有一定的知识储备，因此，能够考出比较满意的分数。这样一来，既能保护学生的学习积极性，又能加深他们对知识的记忆与理解，两全其美。当然，学生的学习积极性提上去了，题目的难度就可以适当地加深，这样由易到难，学生就很容易适应了。

三、游戏式测验

我觉得测验、评卷会让学生感到烦、闷、没新意，也可以尝试换一种方式，尝试以玩游戏的方法让学生想学，让学生爱上生物课。我就把"百万富翁"的游戏改写成生物复习课件的游戏，让学生在欢乐中学到知识，并对学生的学习情况进行及时反馈。当然，这需要老师付出辛勤的劳动。例如，做那个"百万富翁"的游戏课件我用了 10 天。因为要挑 10 套不同的题目，在挑选题目的时候，我都是精心挑选，形成梯度难度，把课本最重要、最基本的知识以及高考的考点、热点等全部融入游戏课件，当然游戏的规则，越接近"一百万"题目难度越难。正所谓"一分耕耘，一分收获"，当看到同学们下课后还要追着我要再玩一次"百万富翁"的游戏时，我知道我的目的已经达到了。看到学生学习生物的兴趣不断提高，我心里倍感欣慰与踏实。

四、竞赛式测验

每个月举行一次知识竞赛，以每个小组为单位，共四个小组，胜利的小组有奖品。内容：高中生物基础知识，课本上的知识占70%，课外知识占30%（包括猜生物谜语、生物术语、书本外的生物知识，通过肢体语言猜生物名称等），这样设计主要是希望每个学生都能有展现自己才华的机会，如成绩好的学生对生物基础知识比较在行，调皮或者成绩不太好的学生在猜谜语方面也能取得高分。高中生物基础知识我来命题，课外的部分提前2个星期在班上随机抽4个学生组成，每组一人，他们既负责出课外那部分题目，又负责做小主持人。这样既可以锻炼他们的胆量，为以后工作做准备，又能通过出题目来增长生物课外知识。第一次在班上举行这样的知识竞赛，我担心他们应付不过来，自己也做了一份生物课外知识以备用，但是到最后，我发觉自己的担心是多余的，学生的组织能力真的很难想象，他们做得很好，并且那次知识竞赛举行得非常顺利，特别是通过肢体动作猜生物名称，把这节课带入了高潮。听到每个学生的欢笑声，我觉得他们在繁忙的学业中释放了压力，不知不觉地他们已经爱上了生物课。

课堂测验实施了一个学期，统考成绩就是一个很好的见证。本来1～4班是平行班，分班的时候成绩都差不多，但是到了期末考试，我发现我教的（进行课堂测验）两个班级平均分明显高于其他两个班。

总之，课堂测试是课堂教学的有益补充，只要运用得当，会使生物教学事半功倍。

第三节　生物课堂对话教学实践与评价

对话教学是在新课程背景下出现的一种新的教学形态。话题设计是对话教学课堂设计的重要组成部分，生物对话教学的话题设计应贴近学生的“最近发展区”，关注教学中的重点和难点问题、疑点问题、歧义问题以及由教学内容而触及的社会中的焦点或热点问题。生物学科对话教学的课堂实践形式主要有师生对话、生生对话、与文本对话、自我对话。

新课程改革以来，对话教学作为一种不同于传统教学的新的教学形态出现在人们的视野之中，并很快成为人们关注和研究的焦点之一。本书在已有的研究成果中得到启示，结合自身的教学实践，对中学生物学科的对话教学提出自己的见解，为中学生物学科教学改革与发展注入活力。

一、中学生物对话教学的基本内涵

对话指的是“独立的主体在彼此平等、彼此倾听、彼此接纳、彼此敞开的基础上达成的双向互动交流”，是一种致力于相互理解、相互合作、共同创造的精神与意识，其结果是实现精神的相遇和沟通，对话双方达到认知共振、情感共鸣、思维同步。对话教学是从知识的传授走向知识建构的教学，是追求生成性和创造性、个性化和生命化的教学，它以师生心理世界的开放为特征，以互动为方式，通过语言交融、心灵交流，师生双方均从对话中获得道德和理性的升华，对话的终极目的是提高人的生命存在价值，促进人的可持续发展。

生物学是研究生命现象和生物活动规律的科学，研究的对象是地球上形形色色的生物。生物教学教会学生关注生命、尊重生命、珍爱生命、欣赏生命、成全生命、敬畏生命。生物教学从根本上说就是与自然万物的对话，因此对话教学是生物教学的理想选择。学生通过与文本、他人（老师、同学、自然、社会）、自我心灵等的多元对话，达到视界的融合、精神的交融、思想的碰撞、情感的交流，从而发现世界、发展自我、超越自我，树立正确的生命观、人生观和世界观，增强对生活的信心和社会责任感，完善人格，健康成长。

二、中学生物对话教学的话题设计

对话是围绕着话题展开的，话题设计是对话教学的首要环节，也是关键和凸显智慧的环节，必须加以系统规划和统筹考虑。话题设计得好，对话教学就能“步入正轨，渐入佳境”。要在学科知识的系统性与解决问题所获知识的随机性和零碎性之间保持一定的张力与平衡，就必须基于整体课程知识结构的系统性来设计问题，要使各问题之间包含的学习议题更多地相互邻接和交叉重叠。笔者认为，生物学科对话教学的话题设计要注意如下几个方面：

1. 话题设计要难度适中，贴近学生的“最近发展区”

著名心理学家维果茨基认为，青少年有两种发展水平：一种是现有的水平，即由一定的已经完成的发展系统所形成的心理机能的发展水平；二是即将达到的发展水平。这两种水平之间的差异，就是“最近发展区”。因此，在话题设计时要考虑学生现有的认知水平，以学生现有的知识结构和思维水平为基点来设计话题，使话题符合“最近发展区”。这样，就不会让学生因话题太难而丧失信心。要充分调动学生已有的知识经验，同时又包含着不少未知的成分，既能激起学生探究的欲望和好奇心，又不会使他们产生失望和挫败感。如在讲“动植物细胞的吸水和失水”时，可设计这样几个问题让学生思考：①你连续嗑带盐瓜子时，你的口腔和唇的黏膜有什么感觉？为什么？②新鲜的鱼用食盐腌后不变质，为什么？③家庭养花，为什么一次施肥过多会引起花卉萎蔫？显然这类问题课本上没有现成的答案，学生必须在已有知识经验的基础上，联系生活实际，经过思考、分析、综合才能回答，从而激发学生的学习兴趣，发展学生的高品质思维。总之，话题设计难易要合适，使学生“跳一跳，摘桃子”，能达到激趣引思的效果，使学生愿意参与对话，且有能力对话、解决问题。

2. *话题设计要突出重点，突破难点，逐层递进，有系统性*

教学中的重点和难点问题是指在实现教学目标过程中必须加以重点解决的、牵一发而动全身的问题和学生在理解感受上存在困难的问题。以教学中的重点和难点问题来设计的话题，一般是以预设的形式呈现，它起着导引和推动对话进行的关键作用。因此，教师要认真领会课程标准，把握教学目标，钻研课程内容，分析和了解学生现状，确定教学的重点和难点，并依此设计出逐层递进的对话话题。如在“提高农作物的光能利用率”一节课的教学中，环境因素对光合作用强度的影响这个内容涉及曲线分析，既是教学重点，又是教学难点。因此，课堂上的教学话题可做如下设计：如图所示（图略），横坐标表示什么？纵坐标表示什么？此曲线的起点在哪儿？走势如何？拐点有几个？此曲线可以分为三段，*OA* 段表示什么含义？*AB* 段呢？*BC* 段呢？*B*、*C* 点影响光合作用强度的限制因子分别是什么？如果把横坐标改为光照强度，曲线又该如何分析？通过这种简明、集中、富有启发性的一系列小问题，顺理成章地解决了这一重点和难点。生物知识是相互联系的，教师在话题设计时应预先计划一下，使设计的话题有层次、有系统，前后问题环环相扣，步步深入。使学生的认识沿教师设计的阶梯而上，不仅使学生深入地理解知识，还能引导学生的思维向纵深发展。

3. 话题设计要抓住疑点，引导学生生疑、质疑、思疑、解疑

疑点问题，就是指师生在教学过程中感到迷惑不解的问题。众所周知，打开一切科学大门的钥匙，无疑是问号。因此，在生物对话教学中，引导学生主动地生疑、质疑，并以疑点问题为对话话题，对于培养学生的思疑、解疑能力以及科学的探究和创造精神，具有十分重要的意义。如学生在学习了基因的自由组合定律后，遇到一个习题：果蝇的灰身和黑身是一对相对性状，长翅和残翅是另一对相对性状。现让灰身长翅果蝇与黑身残翅果蝇交配，F_1均是灰身长翅果蝇，再让F_1灰身长翅雌果蝇与黑身残翅雄果蝇交配，测交后代出现四种表现型，即灰身长翅、灰身残翅、黑身长翅、黑身残翅，比例为21∶4∶4∶21。学生会对这一杂交结果疑惑不解，按照基因的自由组合定律，F_1测交后代的四种表现型的比例不应当是1∶1∶1∶1吗？现在怎么又成了21∶4∶4∶21呢？于是产生了矛盾和冲突。此时，教师引导学生进行讨论、分析：F_1测交后代的四种表现型的比例为21∶4∶4∶21反映了什么？（F_1的四种配子的比例是21∶4∶4∶21）说明F_1产生配子时非等位基因是否自由组合？（不是）那么，什么样的非等位基因才自由组合呢？（位于非同源染色体上的非等位基因）通过对上述问题的讨论、辨析，不仅使学生从矛盾和冲突中跳出来（明确了自由组合定律的适用条件），更重要的是能使学生参与讨论，在讨论中自觉地进行辨析，取得学习的主动权。

4. 话题设计要分析歧义，引发争议，加深思维深度

歧义问题，是指教学过程中师生、生生就某一问题在理解上出现分歧的问题。歧义是思想碰撞的基础，是实现沟通和培养多元意识的契机。争论性话题能够激发对话双方表达自己的不同见解和进行独立思考，有利于学生辨析概念、培养能力。敏锐地捕捉生物教学中的歧义问题，并以之作为对话的话题，是话题设计的关键一环。比如，在学习“基因工程及其应用”这一节时，教师可以让学生自己设计一个利用基因工程治疗白化病人的方案。有学生马上回答：“先用限制酶提取非白化基因，再让该基因与动物病毒结合，将目的基因导入人体细胞，目的基因的检测与表达……”马上就有学生提出：“老师，错了，他的方法完全不可行！假如导入体细胞，那只有一个细胞带有非白化基因！”教师可以马上追问：“你说的有点道理，那你觉得应该

怎么办?""导入受精卵!""不对,受精卵时期怎么知道他是否得白化病呢?"马上有人反驳,"那可以先基因检测啊?""这样太麻烦了！我认为可以先画系谱图,预测后代能否得病比较好!""老师你说怎么办?"其他同学的思维都被带动起来了！教室里顿时热闹起来。我想起教材有个基因治疗的例子,马上引导学生去看,去思考:为什么现在有关于骨髓的疾病可以治疗？最终得出结论:基因治疗现在还不够完善,只能用于如干细胞等再生细胞的遗传病的治疗,而很多难题还有待于大家将来进一步去研究、攻克!

5. 话题设计要关注学生生活,关注社会焦点,触及社会热点

对话教学是充满人性化的教学,是关注学生存在的教学,因此,学生生活必然要受到对话教学的关注,学生生活就必然成为对话教学话题的来源。另外,来自文本教材的话题在教学中展开对话时总是渗透着学生的生活经验,靠近学生的生活。教学中,教师可以从学生生活中提炼一些话题,如"某些同学早上没吃早饭,为什么会感到头晕眼花?""运动会跑完 3000 米后,第二天为什么会感觉到腰酸腿疼?""为什么有些同学一考试就想上厕所?""你们不久前打的 H1N1 疫苗是如何发挥作用的？你觉得该如何生产它呢?"等等。社会生活也是对话教学话题的来源。教学总是和社会现实生活紧密联系的,对话教学也不例外。社会生活中有一些颇受人们关注的具有教育意义的热点事件和问题,同时它们又能够和学科教学结合起来,这样的社会生活问题和事件就可成为对话教学的话题。如毒奶粉事件发生后,教师在讲到内环境这节知识时,给学生提供了相关的新闻材料,请学生分析婴儿吃毒奶粉后,为何阜阳毒奶粉事件主要出现了一些大头娃娃,而三鹿奶粉事件则是一些婴儿出现结石现象？这类话题,由于其与生活的接近性,不但容易引起师生的兴趣,而且又具较强的现实意义。

三、中学生物对话教学的课堂实践形式

教学活动中的教与学不仅形成了教师与学生之间的关系,也形成了学生与学生、师生与文本、师生自我之间的关系,对话教学就是在这种网状关系中进行的。教学中充满师生对话、生生对话、师生与文本对话、师生自我对话,这些对话是交织在一起进行的。正确认识对话教学的课堂实践形式,有助于消除课堂对话教学形式问答化、目标虚泛化、过程形式化等误区,改

变生物课堂教学的独白状态，使生物课堂教学充满活力。

1. 师生对话：互动交流

从本质上说，师生对话在于二者心灵的相互沟通，是双方精神的敞开和接纳。它不仅表现为提问和回答，更是交流与探讨、言说与倾听、欣赏与评价。在生物对话教学中，师生作为特殊的对话者展开互动交流，他们之间的对话具有人格精神上的完全平等和教育意义上的价值引导的特点。在教学过程中，教师要学会“屈尊”和“倾听”，要让学生体会到教师的尊重和关爱，使学生的身心得到解放，学生才能敢想、敢说、敢问。在语言的运用上，教师要注意语气委婉、温和，对学生的参与和意见要多予以鼓励，或表示赞许，这样，学生才有对话的信心和欲望。教师要给学生提供交流对话的时间和机会，并教育学生要善于倾听其他同学的发言。例如，在学习“三大营养物质的代谢”这一内容时，可向学生提出这样的一些问题：①有位胖子，他想控制体重，应该怎么办？②和尚、尼姑长期吃斋饭素菜，这是健康的饮食方式吗？为什么？③俗话说：“早餐要吃好，午餐要吃饱，晚餐要吃少。”你认为这句话有科学道理吗？请予以分析。同学们结合自己的经验、体会纷纷发表意见，每个学生都有自己的见解，每个人都想发表自己的观点。此时的课堂，学生们神采飞扬、充满生机、美不可言。

2. 生生对话：合作探究

生生对话是指学生与学生之间就某一问题所展开的讨论与交流，在学习的过程中表现为一种合作探究的关系。生生对话的过程要敞开自己的观点，开放思维，接纳、欣赏和审视别人的见解。尊重他人，学会合作，学会与同学分享成果，在相互交流、彼此争论、合作互助中共同提高。比如在一个有关“含铜污水对植物生长发育影响”的课题研究中，学生提出了自己感兴趣的问题，如铜会不会影响植物的发芽？铜会不会影响植物的生长？不同浓度的铜对植物生长的影响有何区别？是不是有一部分的植物对铜的接受程度比其他的植物要高？等等。课题内容相近的同学自发组成研究小组，成员之间合作设计并实施实验以产生第一手资料。例如，其中一个小组想研究“不同浓度的铜对植物生长的影响有何区别？”他们选择了芥菜种子作为研究材料，并准备了从矿井处获取的含铜污水以及培养皿、滤纸、镊子等相关用具。学生自主讨论实验过程后做了如下实验：设置10组实验，每组将塑料圆形格子纸垫在培养皿底部，覆盖上滤纸，第一组用清水湿润滤纸，其他各组的滤纸用污水配制成的不同浓度分别湿润，每组再等距放置10个芥菜种子，盖上盖子，用胶带固定好，把10组培养皿直立地放在经回收的一次性饭盒中，放在相同且适宜的环境中培养3天。在教师的指导下，每组学生经过观察，测出了根长、芽长、总长度，计算出发芽率，并绘制成直方图。学生发现：随着铜含量的不断增加，抑制植物生长的程度也不断加强。但是他们又惊奇地发现当铜的含量为10mg/kg时，植物的生长反而是最好的，这是为什么呢？通过查阅资料，他们发现植物需要微量的铜是因为一些氧化酶需要铜元素，铜在光合作用中的电子传输也起到一定作用，而对铜有高耐性的植物往往通过合成可溶或不可溶的化合物储存在液泡中，甚至主动将铜排出体外来减轻铜对自身的伤害，也就是说铜并不是非常有害的，这使学生对科学有了一个更深刻的辩证的认识。有的学生提议向有关部门建议通过稀释降低铜的含量或种植一些植物来消除铜矿开采带来的污染。在实验的过程中，教师更多地让学生之间互动交流，让学生在交流中自我矫正、自我发展、自我完善，积极自主设计并完成实验，自己只做一些简单的指导。通过实验的设计、操作、搜集并处理数据，以及信息的表达和交流，学生的科学创新思维得到了培养，学生处理、分析、解决问题的能力和语言的表达交流能力得到了提高。

3. 与文本对话：视界融合

教学文本不能等同于单纯的教材，它是教师与学生一起合作创造的极其复杂的产物。教学文本既包括教材、教辅用书等现成的教学资源，也包括教师自己设计的教案、模型、PPT，还包括师生在教学过程中共同创生出的教学素材。在师生与文本的对话中，文本不是传统意义上的被理解、被记忆、被复述的对象，相反，在对话中，师生的视界不断与文本的视界交流，不断生成、扩大和丰富，最终达到不同视界的融合。

学生与文本的对话过程，实际上就是学生用自己已有的经验、知识和情感去体验和建构文本意义世界的过程。在学生与文本对话时，教师要引导学生实现自我超越，引导学生在特定的背景下体验和解读，让学生与文本中的案例、人物进行潜对话，通过“思想碰撞和心灵交流”，使学生不断充实自身的知识水平。比如教学文本中涉及很多生物学发现史的内容，它包含了生物学家的思维、分析、假设、判断和推理等全过程，是生物学家的科学态度、严谨作风、勇于探索的结果。在与生物学家对话的过程中，学生不断扩充着自己的知识水平，学会了科学的研究方法，培养了科学的思维方式，形成了科学的价值观和态度，逐步具有了科学精神。

4. 自我对话：反思重建

自我对话是人性的一种欲望和需求，在通常意义上是指现在的“我”与过去的“我”、现实的“我”以及理想的“我”的对话，是“此我”与“彼我”的对话。从实质上看，自我对话就是对自我的反思性理解，是对自我过去所积淀的经验、历史、思想等进行的探究和合理性追问。同自我进行对话的过程是一个人的内省过程，是一个人的思考从晦暗到敞亮的过程，也是一个人最终完成自我构建的过程。自我对话是对话教学的主要形式，它揭示了对话教学的深层本质——反思。生物对话教学的任务就是要强化师生的自我反思意识和反思能力，使自我对话成为师生的自觉行动。在生物对话教学中，教师要与自己对话：我是否很好地向学生阐释了各种生命现象和生命活动的规律？是否让学生发现了生物界普遍存在的外在自然美和内在和谐美？是否让学生理解了生物个体之间、生物与环境之间存在的相互依存和普遍联系？是否使学生树立了全球意识和环境意识，树立了人和自然和谐共处、可持续发展的观念？如何在有限的时间内，全面关照学生的生物科学素养的培养，而不是只注重单纯的知识与技能的传授？等等。

学生也要同自己对话：通过生物课的学习，我学到了哪些生物学知识和技能？我能解释自然界的生物现象吗？我对全球性的人口、粮食、资源和环境问题有所思考吗？在以后的学习中，我努力的方向是什么？等等。这样，在生物对话教学中，同时存在教师的自我对话和学生的自我对话，而最终的目的是促成学生的自我对话，促进学生的自我建构。

第四节 生物课堂教学表现性评价

表现性评价以评价学生在任务情景中所表现出来的能力为核心，强调任务的真实性和情景性。实施表现性评价的重点在于制定一份科学、严谨的评分规则。生物学科中的观察、实验、调查、角色扮演、设计、制作和课外实践等活动类型适合进行表现性评价。表现性评价是一种新型的过程性评价和质性评价，对教师的教学效果和学生的学业水平有着综合评价和重要反馈的作用。

随着课程改革的逐步开展和深入，人们逐渐认识到，要真正认真落实"改变课程评价过分强调甄别与选拔的功能，发挥评价促进学生发展、教师提高和改进教学实践的功能"的理念，要主动实践新课程改革的"促进全体学生发展"的理念，仅仅依靠现阶段常见的纸笔测验，显然是很难实现的。因此，改革现有的评价理念、方法和方式，引进新的过程性评价和质性评价的思想和方法是很有必要的。

表现性评价(也称真实性评价)是一种值得借鉴的评价理念和方法。表现性评价是20世纪80年代中期以来，美国、英国等西方国家兴起的一种学生学业评价的方式，其主要的动因是对标准化考试形式的批评，以及对其考试功能的质疑。表现性评价目前在美国已经发展成为学生学业评价的一种重要手段，并且成为教师资格认定的重要内容之一。

一、表现性评价的内涵

表现性评价有不同的定义，美国国会技术评价办公室于1992年对表现性评价提出了一个概括性的定义：表现性评价是指要求学生创造出答案或产品以展示其知识或技能的测验。在学校教育背景下，表现性评价是指通过观察学生在完成实际任务时的表现来评价学生已经取得的发展成就。它是建立在对传统学业成就测验批判的基础之上的，是一种新型的过程性评价和质性评价，也是一种基于观察和主观判断的评价方式。比较表现性评价和传统的纸笔测验，可以发现表现性评价的一些本质特征。

1. 评价学生的能力表现是表现性评价的核心

表现性评价是在完成表现性任务的基础上进行的，完成表现性任务需要学生的思维能力和各种技能性水平的表现。表现性评价可以通过一些合理推理的外显性指标来帮助教师判断学生的过程技能、动作技能和逻辑思维能力。例如，要测试学生的角色扮演活动，需要从语言表达、表演动作、团队合作和信息加工等方面进行考查。因此，表现性评价能够较好地测试学生的各种技能性水平，而这正是纸笔测验无法达到的评价目标。

同时，表现性评价能够根据任务的完成过程和情况，以及学生的行为表现和成果来推断学生的情感、态度倾向，而且这种情感态度价值观的评价是真实和客观的。

总体来说，表现性评价在考查学生对知识的理解和掌握程度上，比纸笔测验要差一些，这主要与表现性任务的代表性不足，涉及的知识面相对较窄有关。但表现性评价特别适合评价学生具备的技能水平等非智力因素，而且其评价时没有脱离现实情境，可以用来推测学生的情感态度和价值倾向，所以表现性评价是一种综合性的评价方式，是对传统纸笔测验的重要补充。

2. 任务情境是评价学生表现的载体和前提

表现性评价需要设置一个表现性任务，这种任务具有情境性和真实性的特点。例如，让学生制作一个细胞的三维结构模型，或者动手完成一项生物实验、做一次社会调查，都属于真实情境的任务。这就决定了学生能把所学的知识与实际生活密切联系起来，任务的价值就有了现实的意义。从操作的可行性和完成任务的效果上讲，评价的情境越真实，即与现实世界联系越紧密，学生对完成的任务就越感兴趣和越重视。因为实施表现性评价时结合了学生对真实生活世界的体验，强调在真实的任务情境中对学生学业情况进行评价，因此，西方学者也称表现性评价为“真实性评价”。

3. 强调过程评价和结果评价的统一性

表现性评价是典型的过程性评价。评价活动既可以与学生的学习活动融为一体，与教学过程同步进行，同时又十分关注学生在整个活动过程中的具体表现，并赋予评价的具体内容。例如，要评价学生的观察能力，除了评价学生的观察方法、观察工具的使用情况和得出的结论外，还应该从观察目的、观察记录等各个方面进行评价，其过程性评价非常显性。在进行表现性评价时，教师的关注点是学生能够做什么而不仅仅是知道什么，它既可以了解学生在完成任务过程中所表现的思维特点、行为、情感与心理过程，也可以评定经过学习过程之后所取得的外显的学习“产品”。

二、表现性评价在生物教学和评价中的实施

1. 表现性评价的实施流程

要进行表现性评价，首先要明确表现性评价的实施流程，表现性评价的实施流程包括表 3－2 所列的步骤。

表 3-2 表现性评价的实施步骤及其说明

实施步骤	步骤名称	简要说明
①	明确评价目的	确定考查的知识、能力和情感态度倾向，特别是技能性目标
②	确定评价标准	评价标准可以来自生物课程标准，教师的实践经验总结及其专业判断
③	选择表现类型	确定学生的活动类型，例如实验、设计、角色扮演等
④	设置表现性任务	表现性任务的具体成分必须明确，即需要明确地告诉学生需要做些什么；应该详细规定展现能力的背景和条件；应该让学生理解和记住评估他们表现的规则
⑤	制定评分规则	分项评分规则和整体评分规则，本环节需要师生共同参与
⑥	实施并选择样例	实施任务时要给予学生充足的时间；从学生的作业中挑选出典型的样例，结合评分规则进行分析

上述的六个步骤是首次进行表现性评价的基本步骤，不一定要面面俱到。在实际的操作过程中，第②步可省略，第⑤步与第⑥步中的选择样例可颠倒，这样有利于学生根据一些典型的样例制定相应的评分规则。在这些基本步骤中，制定科学、可行的评分规则是顺利完成表现性评价的重要环节。

2. 评分规则的基本分类

评分规则是一套用来衡量学生在完成任务过程中的表现及其成果的标准。它主要包括对学生典型学习行为反应的语言描述和等级判断，也包括对各种学习成果特征的详细要求。目前常用的评分规则主要有两种：分项评分规则和整体评分规则。

(1)分项评分规则。这种评分规则针对某项表现性任务的不同侧面，对学生的行为和技能进行分别评价。采取分项评分方法的优势是，评价的目标非常集中和明确，评价者不容易偏离评价中心，而且对每一方面表现的观察都很细致。最后，由分项结果归纳出总的评价结论，可以全面反映学生对于某项任务的完成程度和技能表现。

为了使分项评分规则有较好的应用性，教师不仅要对任务做出维度分析，而且还应当对维度评分的等级做出明确的规定和说明。下面是评价学生的“观察方法”的单项评分规则(表 3-3)，表中分别列出了使用不同的“观察方法”的具体情况，并给出了相应的评分等级。

表 3-3　“观察方法”的单项评分规则

优	采用正确、合理的观察方法	(1)客观全面地观察，能够根据观察对象的特点合理地使用不同的感官(视觉、嗅觉、听觉、触觉和味觉等)观察 (2)能有顺序和系统地观察，观察全面、仔细，突出观察的重点
良	采用正确的观察方法	(1)基本能够根据观察对象的特点采用不同的感官观察 (2)观察能有顺序和系统地进行，突出观察的重点
及格	观察方法基本正确	较为客观地观察，但没有从各种感官出发观察事物，观察方法较为单一
不及格	观察方法不够恰当	不能按照任务要求得出结论

(2)整体评分规则。整体评分规则主要侧重于从整体反应来观察学生的学习行为，评价时只需给出一个综合性的分数或等级。这种评分建立在对学生的“表现”或形成“产品”的整体印象之上，而不是对个别成分做出细致的考虑，因此具有总结性和概括性的特点。

整体评分规则适合于评价相对简单的表现性任务，对快速获得学生的总体水平或成绩有一定的优势，因此，整体评分规则通常在学生人数众多时使用，以便对学生进行快速地评价。但整体评分规则缺乏对学生表现的优点或缺点进行详细地分析，因此对教学的诊断和反馈作用相对较弱。与此相反，分项评分规则可以评价复杂的表现，并突出重点环节，同时能给教师和学生提供更具针对性的信息或反馈。但需要注意的是，使用分项评分规则时，应该根据实际需要，尽量避免遗漏主题活动中的部分评价要素。

在实际评分时，教师可以将分项评分规则和整体评分规则结合起来使用，这既有利于教师和学生了解学生的具体学习状况，也有利于教师了解学生完成任务的整体情况，有利于学生了解自己的整体学习状况。

3. 优秀评分规则的基本要素

制定一项科学、清晰、明确、严谨且操作性强的评分规则是完成表现性评价最重要的环节。评分规则应该精确地表明想让学生知道什么、理解什么和可以做什么。研究表明，优秀的评分规则至少可以达成三项目标：一是有利于教师准确地考查学生达成学习目标的情况和学习状况；二是让学生明确学习的具体目标，了解自己达成目标的情况和学习的基本状况，并能根据测评的结果对学习的内容及学习的重点进行重新定位；三是有利于表现性评价的具体实施和可持续开展，达到促进学生自主学习，不断发展的目的。

研究表明，要制定优秀的评分规则，必须明确优秀评分规则的基本要素。表 3 - 4 是制定一份优秀的评分规则应该具备的基本要素。

表 3 - 4　评分规则要素

要素 1　评价内容：指借以判断学生作业质量的内容依据。包括与表现有关的所有重要的内容，明确这些重要内容，将其他不重要的内容省略掉。
(1)评价的内容应符合课程标准的规定，应该尽可能地评价学生的知识、能力和情感态度价值观等各个方面；
(2)评价内容应该有所侧重，而且能够突出重点，特别是技能性目标，并设置好相应的权重；
(3)教师能够很好地理解和使用这些评价内容对学生进行评价，而且不会产生歧义。
要素 2　清晰度：指使用清晰、合适的语言来描述评分规则，使教师和学生都能够理解并做出相同的解释。
(1)有清晰、明确的评价指标，能够清楚地表明学生完成任务的方向，而这个方向应该与课程标准理念和学习目标相一致；
(2)由教师独立测评，但不同的教师对同一份作业的评定结果应该是一致的；
(3)评分规则说明具体、准确，提供了足够的细节。
要素 3　实用性：指操作性是否很强。根据评分规则得出的评定结果必须有助于做出具体的教学决策，这样才能促进学生进步。
(1)要评估的表现方面是可以量化的，并且教师和学生都能够理解和应用；
(2)评价结果可以转化为教学决策，即教师很容易根据评价结果知道下一步的教学计划；
(3)评价要求要具体、明确，准确说明不同等级的学生所要达到的具体目标，操作起来容易，评价的效果明显，可信度强。
要素 4　可信度：指评价结果真实可信，可用于真实地评价学生的学业成绩。
(1)评分规则重点突出、清晰明确，不同的评定者可在任何一份学生作业的表现水平上都达成一致；
(2)规则的说明可以适用于所有的学生。

4. 评分规则的实例及等级说明

以下以"为家长制定一份合理的午餐食谱的表现性任务的评分规则"为例来展示一个真实的表现性评价的评分规则，见表 3－5 所列。

表 3－5　为家长制定一份合理的午餐食谱的表现性任务的评分规则

评价指标	分值	评价要求			评分	
		优(9～10 分)	良(7～8 分)	需努力(6 分及以下)	自评	他评
设计准备	10	收集了丰富的与主题相关的资料，且资料对设计有较强的支持	收集了一定量的资料，但资料与主题关联性不强或对设计的作用不大	收集了资料，但资料散乱或对设计无支持		
设计过程	20	1. 能正确运用"平衡膳食宝塔"和教材中"常见的食物成分表"设计食谱	1. 运用"平衡膳食宝塔"和教材中"常见的食物成分表"时偶尔出错	1. 不会运用"平衡膳食宝塔"和教材中"常见的食物成分表"		
	10	2. 食谱设计构思有整体性、有创意，且对设计过程有指导性意义	2. 食谱设计构思基本有整体性或对设计过程基本有指导性意义	2. 食谱设计构思缺乏整体性或对设计过程没有指导性意义		
设计成果	20	1. 设计的食谱营养合理，含有五类食物，且比例、数量和营养成分搭配符合要求	1. 设计的食谱营养基本合理，含有五类食物，但比例、数量和营养成分搭配有的不符合要求	1. 设计的食谱营养不合理，没有五类食物，或不注意比例、数量和营养成分的搭配		
	20	2. 设计的食谱具有可操作性，食谱成本合理，且会利用家中现有食品材料	2. 设计的食谱具有可操作性，但食谱成本过高或过低，不会利用家中现有食品材料	2. 设计的食谱不具有可操作性，食谱成本不合理		

（续表）

<table>
<tr><th rowspan="2">评价指标</th><th rowspan="2">分值</th><th colspan="3">评价要求</th><th colspan="2">评分</th></tr>
<tr><th>优（9～10分）</th><th>良（7～8分）</th><th>需努力（6分及以下）</th><th>自评</th><th>他评</th></tr>
<tr><td rowspan="2">设计实施</td><td>10</td><td>1. 能亲自全程完成食谱的采买、清洗、烹饪</td><td>1. 只能亲自完成食谱的烹饪工作</td><td>1. 不能亲自完成食谱的烹饪工作</td><td></td><td></td></tr>
<tr><td>10</td><td>2. 烹饪工作成功，制作出的食品色香味俱全</td><td>2. 烹饪工作基本成功，制作出的食品味道尚可，但卖相差些或有小缺点</td><td>2. 烹饪工作不成功，制作出的食品口味欠佳</td><td></td><td></td></tr>
<tr><td>满分</td><td>100</td><td colspan="2"></td><td>得　分</td><td></td><td></td></tr>
</table>

从以上案例中可以看出，设计准备、设计过程、设计成果、设计实施的比例为10∶30∶40∶20，这个比例明确了该活动的重点是什么，突出了评价的核心环节。另一方面，学生的设计成果只占40分，而设计准备、设计过程和设计实施却占了60分，同时，评价活动中既有教师评价，也有学生自评和他评，真正体现了过程性评价的理念。

在实际的评价过程中，可以根据实际情况和评价的侧重采用5分制、10分制、100分制对学生进行评价，也可以采用技能等级如高、中、达标、未达标等多种等级来评价学生的学业水平。在具体实施过程中，每项活动的评分可分为多个要素，教师在评价时，可以进行分项评价，选取其中的某个要素进行评价，也可以进行整体评价，具体的措施是将各个要素的得分按照一定的权重进行综合，从而计算出学生的综合得分。

5. 生物学科中适宜进行表现性评价的任务类型

根据教学评价的实际需要，按照任务涉及的技能，可将表现性评价的任务分为表3-6中的几种类型。

表3-6　表现性任务的类型及其主要作用

任务类型	主要作用
表达性任务	这类任务常见于讨论、辩论、角色扮演、知识竞赛、课题汇报等。教师可从中了解学生的语言水平和表达技能，并进行综合的评价

（续表）

任务类型	主要作用
操作性任务	这类任务常见于一些操作性活动，例如，正确使用低倍或高倍显微镜，正确进行徒手切片活动，等等。教师可对学生操作的规范性和熟练性进行评价，重点考查学生的动手操作技能
思考性任务	这类任务常见于概念的理解、分析与应用的高层次的思维活动。这类任务又分为分析性任务、综合性任务、评价性任务和问题性任务。教师可考查学生思维的过程及产生的结果

中学层面有很多活动适宜进行表现性评价。表 3-7 为一些常见的操作性任务和表现性任务及其评分规则要素。

表 3-7　常见的操作性任务和表现性任务及其评分规则要素

任务类型	评分规则要素	任务举例
观察	观察目的、观察方法、观察记录、观察工具的使用、得出结论	观察种子的结构
实验	提出问题和做出假设、设计实验、进行实验、收集实验证据、进行解释与得出结论、情感态度	探究植物对空气温度的影响
调查	调查目的、调查计划、实施过程、信息处理、调查结果、调查态度	调查当地常见的几种传染病
角色扮演	扮演目的、准备工作、语言表达、表演动作、信息加工、团队合作	辩论和协商怎样保护白头叶猴
设计	设计目的、构思、设计准备、设计过程、设计成果	设计健康生活的一周
制作	制作对象、制作准备、制作过程、作品展示、情感态度	制作甜酒
课外实践	实践目的、实践准备、实践过程、结果和结论、成果展示、实践态度	对某种植物进行无土栽培

除上文提到的活动外，概念图的构建，列表整理相关知识内容，通过具体生活情景考查学生对核心概念的理解及运用的能力，等等，也可以采用表现性评价。但需要注意的是，在提供相同的活动任务时，对学生的要求可以不同，以便有侧重地评价学生某方面的能力水平，这就需要制定详细的可以

实施的评分规则。

三、表现性评价在生物教学评价中的作用和意义

首先,有利于明确教师的教学目标,促进教师教学质量和教学水平的提高,规范教师的教学和评价行为。教师可以通过表现性评价把教学和评价结合起来,抓住评价的目的是促进学生发展,有利于落实课程标准的基本理念和具体内容的教学实施。表现性评价本身就是知识和技能的整合、扩展和应用的过程,它可以使教师更好地了解教学中存在的优势与不足,更有针对性地为教学提出改进建议,从而提高教学质量和教学效果。科学的表现性评分规则能够规范教师的教学和评价行为,提升教师的评价意愿,促进教师努力按照课程标准的理念、目标、要求进行教学和评价。

其次,帮助学生更好地学习,促进学生进步。优良的表现性评分规则既可以作为评价工具,也可以作为教学活动,还可以作为学生的学习目标。通过表现性评价,学生可以了解合格表现的标准,评价自己的学习状况,知道自己努力的方向,能够根据自己在任务中暴露出来的问题有针对性地进行解决,因而可以激发学生的学习兴趣,提高学生的学业成绩。

再次,拓展评价范围,改善日常评价方式。表现性评价可以针对教学和评价中难以执行的如实验、调查等各种探究活动进行评价,同时可以改善日常评价方式,为教师和学生提供更具针对性和更有效的反馈信息,为学生平时表现提供可靠证据,体现了教学诊断和反馈的功能。

最后,有利于学生自评和互评,有利于学生对自己的学习情况作出全面而准确的评估,并改进学习方法,改变学生只重视知识内容的学习倾向,强化学生重视技能的学习和掌握。

四、实施表现性评价时要注意的事项

尽量创造真实的施测情景。表现性评价侧重于评价学生在真实情景中的表现。一般实施表现性评价的情境越真实,就越能显示出学生在技能、能力等方面的真实发展状况。但是,学生学习的真实情境有时无法重现,因此,有时只能采用模拟情境(例如,角色扮演活动,模拟生物进化的情景,等等),模拟的情境越接近真实情境,表现性评价的结果就越能代表学生解决

真实问题的能力，就越符合教师期望学生达成的教学目标。所以，施测情境的真实程度非常关键，它直接影响评价的效度和信度。

科学地制定评分规则。在使用表现性评价的过程中，最重要的是设计和开发出与表现性任务相配套的评分规则。如果评分规则不具体、不清晰、操作性不强，评分的主观性就比较强，从而很大程度上影响了表现性评价的使用效果。因此，开发出科学、严谨、清晰而具体的表现性评分规则是表现性评价的重点，而这又需要教师在理论和实践上具有一定的功底，这也是制约表现性评价在教学中进行实践的主要障碍之一。因此，现实的情况是，急需开发出一批科学的、切实可行的表现性任务的评分规则及其样例，为广大教师提供参考。

保证好施测时间。从表现性任务的制定，到师生共同商定表现性评分规则，再到学生完成表现性任务都需要一定的时间，因此，表现性评价不宜频繁开展。进行表现性评价时，要给学生充足的时间，如评分规则的学习、认识和讨论，学生自评和互评的时间，教师对典型作业的讲解与分析，等等。特别是当确定评分规则时，要让学生参与其中，当学生参与评价过程时，他们会更了解学习目标，并且更自觉地参与到学习当中。真正把评价落在实处，充分体现评价的诊断和反馈功能。

尽管表现性评价在评价学生的知识理解和掌握程度上存在不足，在操作层面上具有一定的难度，但在淡化分数的初中生物教育阶段，甚至高中学业水平测试阶段，采用表现性评价作为对客观性测验的一种补充，是极其必要的。由于表现性评价更加尊重教育目标的整体性和广泛性，可以让学生更充分地、多方位地表现自己，因此，从促进学生全面发展的新课改理念出发，表现性评价理应成为当前新课程评价改革中大力倡导的一种发展性评价方法。

第五节　生物课堂教学生成性评价

生成性教学是基础教育课程改革持续深入的必然要求，教学中只要是学生主动获得的、自主学习得到的、积极建构的，都应属于生成范畴。生成应包括知识、能力、情感等多维度的生成，而不仅仅是知识维度。本书总结了工作室老师在生物课堂教学实践中实施生成性教学的途径，希望对大家有所启迪。

一、模拟游戏环节中的生成性教学

教学中适当地安排一些模拟小游戏，可以将复杂的问题简单化，把抽象的问题直观化，有助于暴露学生学习中的问题，有利于教学的生成。

如开展“鸟适于飞行的特点”的探究活动前，王老师把教材中有关“纸飞机”的背景知识做了一些改进，预设成一个热身小游戏“看谁能让同样的纸张在空中停留的时间久一些，飞得远一些”，教师也可以一同参与其中，拉近与学生的距离，并且可以在共同游戏中巧妙地进行预设。学生一般会将纸折成纸飞机，教师则可以将纸变成其他形状，做生成性的预设。如果学生都将纸折成了纸飞机，教师就可以将自己手中的纸揉成纸团参与游戏；如果学生中已有人想到将纸揉成纸团，教师手中的纸就不做任何处理，直接参与游戏。然后师生站成一排，让台下的学生喊口令、做裁判。

游戏并没有占用多少教学时间，却生成了许多有关飞行的问题，有助于学生对鸟的飞行的探究，克服学生想象方面的困难和思维上的障碍，大大提高了课堂教学效果。如“同样是纸飞机，为什么有的同学的纸飞机可以飞得远些，有的则飞得久些?”“同样的纸张，为什么有的可以飞得那么远，如纸团；有的却掉在跟前，如没有做任何处理的纸?”等问题。学生很快就可以找到自己想要的答案。教师再引导、梳理与提升，师生共同得出纸张的飞行与自身的重力、空气对它产生的阻力、飞行中空气产生的浮力以及人的手给纸张的推动力等的关系。进一步概括为飞行与重力、阻力、浮力、动力的关系，既简单又实用，为接下来探究鸟适于飞行的特点做了铺垫。

一个小小的游戏环节是精心预设的生成性教学，解决了学生思维上的障碍，巧妙地突破了教学中的难点。可见，预设与生成并不是对立的，生成是可以预设的。

二、探究活动中的生成性教学

生物学新课程中安排了不少的探究活动，如果预设得当，组织到位，可以从中获取许多有价值的生成性教学资源。

如探究“鸟适于飞行的特点”的活动。如果按部就班地进行分析讲解，大多数教师也可以分析得头头是道。但教师讲是讲得精彩了，可有多少学生听进去就不得而知了；即使学生都听到了，有没有听明白，有没有真正理解，还值得怀疑。既没有给学生锻炼能力的机会，也没有情感上的体验，这就是所谓的“教得精彩，学得糊涂”。

王老师采用的方法是在讨论纸张的飞行与重力、浮力、阻力、动力相关的基础上，让学生以合作学习小组为单位，围绕鸟的飞行如何克服地球对它产生的重力、增大空气对它的浮力、减少空气对它飞行产生的阻力以及自身如何提供更多的动力这几方面。通过对教材提供的资料进行分析，结合自己的生活经验、原有知识，提出自己的观点，开展小组讨论，然后再组织汇报交流，引导相互质疑。并及时将学生小组的发言要点记录在黑板上，还可以配合小组竞赛的方式，增加学生的积极性。最后，再引导学生归纳、梳理出鸟类对飞行生活的外部形态、内部结构、生理及行为等方面的适应特点。

从教学结果看，学生归纳出的内容远远超出了教材中所提供的资料范畴，也超乎教师的想象，而且是探究活动中实施生成性教学后学生自己“生成”的，不但知识目标达成了，学生还从中锻炼了合作、表达、交流、思维、自主学习等能力，体验了成功的喜悦。这得益于探究活动中恰当的问题预设，到位的组织，以及以学生为本的师生关系的定位，也是“少教多学，以教促学”的成功体现。

三、课堂竞赛形式的生成性教学

在生物学课堂教学中，有时为了调动学生参与的积极性，我们会采用竞赛的形式来组织教学。这时往往也是我们实施生成性教学的好时机。

如在进行“动物在人们生活中的作用”的教学时，刘老师采用四个大组竞赛的形式，将黑板划分为四块，每组派一人在黑板上写动物在人们生活中的作用，其他同学在导学案上写。后来发现，坐在下面的同学很想说，总是在座位上提醒台上的同学。刘老师灵机一动：何必这么规矩，这可是让学生展示的好机会。于是宣布：有不同看法的、愿意展示的同学，都可以直接上台去写！这下可热闹了，学生踊跃极了，争先恐后地上台展示。学生有上有下的，看似杂乱，其实都围绕教学主题在忙。

学生动起来了！思维也活了！这不正是我们所希望的吗！不一会儿，整个黑板就都写得满满的了。有的组居然写了三十几点动物在人们生活中的作用，大大出乎教师的意料和想象。我们来看看学生的这几点不同寻常的“生成”：制作乐器、赋诗作画、文学创作、通信（信鸽）、影视创作、美容养颜、灾害预警、心理辅助治疗……有好些连教师都未必想得到，学生真是太有想象力了，如果不让他们表现，真是太可惜了。这节课的效果非常好，学生兴致特别高，也更喜欢上生物课了。这就是生成性教学的魅力。

四、追问导学中的生成性教学

许多教师在生物课堂教学中都采用过问题串的教学方式，通过一个一个的问题引导学生逐步深入，最终完成教学目标。但问题串的呈现方式如果不恰当，就容易使教学变成解答一个个问答题，而失去了豁然开朗的思维上的乐趣，毫无生成可言，教学效果就打了折扣。我们可以换一下方式，采用不断追问导学、先学后教的生成性方式。既考虑到问题串的预设，在呈现时又给学生留白、质疑、思考的空间。让问题逐个呈现，然后给学生先学的机会，根据学生先学中暴露的困难、生成的问题，有针对性地开展后教，决定后面的问题要不要呈现、如何呈现等，也就是我们常说的“先学后教，以学定教”中的“教什么，不教什么，怎么教”的问题。

如“细菌和真菌的分布”一节的教学，教师就可以预设以下的问题串：“你是如何知道细菌、真菌的存在的？”“细菌、真菌在哪儿？”“细菌、真菌是什么样的？”“你怎样观察到细小的细菌、真菌？”“什么是菌落？”“怎样区分菌落？”“如何培养菌落？”“培养菌落有什么用？”等。但如何呈现，呈现多少，如何把握生成，这就需要教师娴熟的掌握教学基本功，具有教学智慧、敏锐的观察力和判断力、掌控课堂的能力。只要运用得当，在不断地追问导学中引导学生生成，或者师生、生生相互质疑中生成，也是生成性教学的一个很好的途径。

五、自主学习后的生成性互动展示

自主学习也是可以开展生成性教学的，当然这要在学生自主学习后的汇报展示中推进。如“动物促进生态系统的物质循环”的内容，理论性很强，又与前面的生态系统、光合作用、呼吸作用等知识密切相关，是一个较大的综合性问题。如果只是学生自主学习，甚至自主学习后教师再讲解，学生也不一定能理解透彻。但通过自主学习后的展示，在展示过程中的进一步互动生成，这个问题就变得简单明了了。

葛老师在学生自主学习完成教材中的相关内容后，要求学生在导学案中用画图的形式来表示教材中文字的内容。每大组请一位同学在黑板画图展示，本组的同学可以提示补充。其实就相当于预设各大组讨论展示，只不过把展示从导学案搬到了黑板上，这有利于所有学生看得清楚，提高讨论展示的质量。正是这一创新的预设，触发了学生互动的生成。各大组的同学你一言我一语，思维变得异常活跃，人多力量大，图形在不断地积极互动中完善。教师则在一旁看“热闹”，鼓励其他同学直接到讲台上去帮忙，或者直接另画一幅循环图。黑板前的同学越来越多，黑板上的图也越来越多。葛老师干脆让同学到班级后面空着的黑板上去画，结果这节课从前黑板画到了后黑板。

在学生的互动展示生成中，教师已不需要多说什么了，该说的都已被学生画到了黑板上，教师只要稍微梳理点拨一下就行了，而且比教师画的循环图更能让学生理解接受，因为这是他们自己“悟”出来的、主动生成的、自主建构的，而不是教师灌输的。这节课的效果自然不言而喻，这样的交流，这样的课堂，这样的生成，让师生都非常轻松愉悦。学生不但掌握了知识，而且自主学习、表达交流、思维、知识迁移、概括归纳等能力也得到了提升，甚至还有成功的喜悦，这不就是多维的生成吗！

六、生成性教学展望

生物课堂中的生成性教学途径远不止这些，实验操作、相互质疑、师生互动等都可以进行生成性教学。生成性教学激活了课堂，使课堂教学充满了生命活力，呈现出生气勃勃的状态。教学不是一本正经地从头讲到尾，而是丰富多彩的，在各种方式中都可以尝试开展生成性教学。只要教师在教学中做有心人，本着一切为了学生、想着学生的学、为学生的终身发展服务的信念，就可以在教学中随时驾驭生成性教学。

生成性教学要顺利开展，教师还应对教学的三维目标了然于胸，对学生怀着宽容之心，创设宽松民主的课堂氛围，及时运用激励性的评价，机动的管理课堂。总之，开展生成性教学，将课堂变成促进师生共同发展的学园，有利于提高课堂教学效率，增进学习效果。只要越来越多的教师勇于尝试，不断实践，生成性教学就能成为教学中的一种常态，这将是教育之幸，学生之福。

第六节　生物课堂教学问卷调查举例

一、生物课堂有效性学习情况调查问卷

为了更好地了解我校生物课堂教学的基本情况，以便改进教学方法，有效提高课堂质量，促进同学们的发展和进步，同时为老师的教学和研究提供有价值的参考。我们需要通过本问卷了解你们对生物课堂教学的一些真实想法和基本要求。本问卷不记名，请各位同学根据自己的真实看法认真回答。谢谢支持！

年级________班级________性别________

1. 你认为在各学科中，生物这门课(　　)。

A. 最好学　　B. 比较好学　　C. 比较难学　　D. 最难学

2. 你对生物学科的学习模式是什么？(　　)

A. 课前预习　　B. 课后复习

C. 课前预习及课后复习　　D. 听课后完成作业即可

3. 在课堂学习中，你认为下列哪一种方式对解决学习上的困惑最为有效。(　　)

A. 小组讨论解决

B. 先小组讨论后全班交流，然后老师精讲

C. 完全老师解答

D. 其他

4. 你最喜欢下面哪种类型的课堂教学模式？(　　)

A. 通过老师的讲述获得知识

B. 师生合作共同参与学习、实践获得新知识

C. 在教师的问题引导下,由学生自主学习来获得新知识

D. 每一知识都由老师来讲解,并讲深讲透

5. 如果老师让你和同学凭借自己的能力成立学习小组,就某一新的知识展开共同探讨,最终掌握知识。你会觉得自己的能力(　　)。

A. 非常充足　　B. 比较充足　　C. 一般　　D. 从不参加

6. 在课间,如果有许多同学就某一生物问题展开激烈讨论,你的参与情况是(　　)。

A. 次次参加　　B. 次数较多　　C. 次数较少　　D. 从不参加

7. 在讨论一个生物问题时,当遇到别人意见与你不一致时,你会(　　)。

A. 仔细听取,考虑这些意见的合理性

B. 找到共同点,适当让步,达成一致

C. 据理力争,不轻易让步

D. 觉得自己观点不合理,采纳别人的意见

8. 对待错题你认为怎么改正才能使自己印象深刻?(　　)

A. 做错了以后,等待老师讲解出错的原因

B. 老师不讲,自己翻书查找原因

C. 先整理到错题集上,结合老师讲解分析失误之处

D. 定期进行回顾老师的引导,自我诊断改正

9. 你的老师经常使用哪一种课堂教学方式?(　　)

A. 老师多讲多抄,学生主要听讲和记录

B. 老师很少讲解,学生自由看书和练习

C. 由教师设问—引导学生进行探究性学习—获得知识—生成结论("导入—探究—生成"教学模式)

D. 其他

10. 实施生物"导学案教学"后,你对生物学习的兴趣(　　)。

A. 比过去提高很多　　B. 比过去稍有提高

C. 和过去差不多　　D. 比过去降低了

11. 通过"导学案教学",教师教授学习策略及进行导学案的使用吗?(　　)

A. 经常教　B. 有时会　C. 从来都不教　D. 教一点

12. 你会把“导学案教学”中学到的学习策略运用到其他的知识学习中吗？(　　)

A. 经常运用　B. 有时运用　C. 不知道　D. 不用

13. 与其他教学模式相比，使用“导学案教学”对于教师、伙伴等人际交往有何作用？(　　)

A. 促进交往　B. 有点帮助　C. 没有帮助　D. 阻碍交往

二、“构建和谐生物课堂”教学情况调查表

1. 你对生物学习(　　)。

A. 感兴趣　B. 兴趣一般　C. 没有兴趣

2. 你的任课老师授课(　　)。

A. 引人入胜　B. 一般　C. 照本宣科

3. 你的任课老师上课的态度是(　　)。

A. 和蔼可亲　B. 十分严肃　C. 刻板而不耐烦

4. 你的任课老师上课时，对待同学是(　　)。

A. 表扬鼓励为主　B. 批评为主　C. 经常挖苦讽刺或呵斥学生

5. 你认为课堂教学气氛(　　)。

A. 轻松愉悦　B. 一般　C. 死气沉沉

6. 老师对学生的思考采取何种态度？(　　)

A. 鼓励　B. 不干涉　C. 限制

7. 老师在上课过程中能否经常让同学们讨论问题，形成老师和学生的互动？(　　)

A. 经常这样做　B. 很少这样做　C. 几乎没有

8. 老师在课上提出的问题(　　)。

A. 富有挑战性　B. 略有价值　C. 机械单调

9. 课堂上你是否有机会提问和发表观点？(　　)

A. 有机会　B. 机会难得　C. 没有机会

10. 老师对作业和考卷的评价(　　)。

A. 富有启发　B. 略有启发　C. 没有启发

11. 你认为自己班级的同学在上课时(　　)。

A. 始终对学习保持较高关注度,能发现、善思考、敢质疑

B. 参与课堂学习活动热情、投入

C. 很少积极参与

12. 你认为自己的作业负担(　　)。

A. 过重　　B. 适中　　C. 过轻

13. 你认为自己班级任课老师课堂教学效率(　　)。

A. 高　　B. 一般　　C. 低

14. 你认为老师平常授课能否激发求知欲?(　　)

A. 能够　　B. 一般　　C. 很难

15. 老师授课是否注重思维能力方法的培养?(　　)

A. 十分注重　　B. 一般　　C. 几乎没有

16. 老师是否经常鼓励你们表达自己的观点,认真对待课内外提出的问题?(　　)

A. 经常　　B. 比较少　　C. 几乎没有

17. 老师课堂教学(　　)。

A. 能不断改进教学方法,注意运用先进的教学手段,教学富于启发性,善于课题引入,方法科学、恰当、新颖,有吸引力,能激发学生的求知欲,能结合该学科的特点,指导学生学习方法

B. 很少改变教学方法,不善于启发学生思维、激发学生的求知欲

C. 教学方法一成不变,不善于运用先进的教学手段,方法单调、呆板,讲授贫乏,照本宣科,一言堂,激发不起学生学习的兴趣

18. 老师授课经常能有效利用课堂时间,布置的作业精选适中吗?(　　)

A. 经常　　B. 比较少　　C. 几乎没有

19. 老师授课时,教态(　　)。

A. 自然、大方、亲切、和蔼,精神饱满,善于与学生进行情感交流

B. 生硬、紧张、做作,不关注学生反应,不能营造积极热烈的课堂学习氛围

C. 随意

20. 老师经常能够引导你们探究问题，而不是让你们死记知识吗？（　　）

A. 经常　　B. 比较少　　C. 几乎没有

21. 老师的教学内容能做到符合你们实际吗？（　　）

A. 能够　　B. 比较少　　C. 几乎没有

22. 老师在教学过程中经常指导同学们的学习方法？（　　）

A. 经常　　B. 比较少　　C. 几乎没有

23. 你的老师在课堂教学中，经常有布置课堂练习，让同学们当堂完成吗？（　　）

A. 经常　　B. 比较少　　C. 几乎没有

24. 你的老师是否经常引导同学们进行课外阅读、尝试解决实际问题、参与社会实践活动？（　　）

A. 经常　　B. 比较少　　C. 几乎没有

25. 你的老师是否经常运用课外材料、生活实例，或让同学们自己搜集资料等进行教学？（　　）

A. 经常　　B. 比较少　　C. 几乎没有

26. 你知道“构建和谐生物课堂”这个词吗？（　　）

A. 知道　　B. 不知道　　C. 好像听说过，印象不深

27. 你班级是“构建和谐生物课堂”实验班吗？（　　）

A. 是　　B. 不是　　C. 不清楚

28. 你班自从开展“构建和谐生物课堂”实验以后，课堂教学有什么变化？（　　）

A. 变得更精彩了，很喜欢

B. 没有变化，仍是老样子

C. 有变化，但我不喜欢

29. 每个人心中都有一个梦想，拥有一个理想，你心目中的和谐生物课堂是怎么样的？请你谈谈你的看法和想法。

第四章　如何评价学生的课堂学习行为

课堂教学中教师对学生的评价，就是为了有助于学生的健康成长。在课堂教学中，教师能做到正确、客观地评价是对学生可持续发展的关注，是对学生独立个性和健全人格的关注，是对学生生命的关爱。

第一节　对学生课堂行为的评价概述

新时代的教师要学会欣赏学生、评价学生。教师说出一句话，甩出一个眼神，做出一个动作，表示一种态度，对教师来说都是很容易的事，但是当决定说这些话，做这些事之前，是否想过带给学生的将会是什么？它可能引起的后果是什么？实际上教师对学生的评价能够对学生产生很大的影响，每位教师都应该意识到教师评价的作用不仅会影响学生的行为，而且会影响学生的内心；不仅会影响学生的一时，有时甚至会影响他们的一生。为了对学生负责，对我们的下一代负责，请千万要谨慎，慎重使用手中的"评价权"。那么在课堂教学中应如何评价学生呢？

一、评价要全面客观

评价要做到全面客观，首先要有一个正确的人才观和质量观。看一个学生不能只看他的学习成绩，还要看他的学习态度；不仅要看他的学习态度，还要看他的学习方法、学习习惯和心理状态。比如，我有一名学生，他的英语成绩很差，自己也很努力、很刻苦，但却被英语老师放弃了。我了解到这件事之后，找他谈话，共同分析原因，发现他对英语老师有一种恐惧感，对自己也缺乏信心，不敢在学生面前朗读，只是回家自己看。可想而知，在这种心理状态及学习方法下，他的学习成绩能提高吗？所以说，教师应全面客观地看待学生。其次，收集信息要全面客观。要全面了解情况，要防“第一印象”“晕轮效应”“刻板印象”等认知偏差的干扰，不要仅凭一两次测验分数就做出最后的结论，甚至形成对人的偏见或成见。

二、评价要以鼓励为主

对学生进行评价的目的是帮助他们更好的发展。因此，评价方式必须服从评价目的，通过教师的评价，要能够增强学生的自尊心、自信心，激发学生发展主动性与自觉性，鼓励他们不断上进。如××学生说过这样一句话，“咱们班除了学习不行剩下都行”，我听到这话后对他们说：“既然你们有健康的体魄、聪明的头脑、坚忍不拔的毅力，还有什么理由说学习不行呢？我相信大家一定能行。‘人心齐，泰山移’，让我们共同努力，夺取最终胜利，你们有信心吗？”“行！”同学们异口同声的回答响彻了整个教室，他们的学习热情被激发起来，学习方式也发生了变化，由被动学习变成了主动学习。教师评价的鼓励性可以通过言语、表情、行为等多种方式来体现，即使运用分数这一传统方式进行评价，也可以充分发挥其鼓励作用。

三、评价要注重主体

教学的评价一般只局限于老师对学生的评价。我认为还应进行学生与学生之间的评价以及学生的自我评价。评价不只是老师一个人的事，应适当地让学生参与进来，比如学生回答完一个问题之后，其他学生及时地鼓掌，使他们获得被重视的感觉。有时，学生之间的了解可能比老师对学生的了解更彻底、更透彻。老师不能唱独角戏，要想方设法让学生参与进来，让他们来评价他人，或做自我评价。我认为这三种评价如果能有机结合起来，对我们的课堂教学一定会起到促进作用。

四、评价要适当

当前，有许多老师都较注意对学生进行表扬、鼓励，借此来调动学生的学习积极性，这一点是正确的。但是，有的老师却对学生的表扬或鼓励过高了些,或者是说对学生的评价不切合实际,这就是我们要注意的问题。比如有的学生平时表现较差,学习上反应较迟钝,如果老师对他们的表现进行过高的评价,大力地表扬他,那么他反而会接受不了。因为一个学生的行为表现不可能在短时间之内就能转变过来的,所以老师应一步步来。这样,学生才能真正体会到自己的成功之处是值得肯定和鼓励的。学生获得的表扬,不是老师随口应付的,而是对自己成绩的肯定。这才是恰当的评价,才会对学生有真正的激励和鞭策。

五、评价要有发展性

教师要用发展的观点和标准来评价学生,要看到中学生正处在成长发展的过程中,他们每个人都有着巨大的发展潜力,现在的"丑小鸭"都可能变成以后的"白天鹅"。相反,如果教师对一个学生进行讽刺、挖苦,就会影响这个学生的一生。因此,在对学生进行评价时,切忌用僵化、固定的眼光来看待他们。要看到他们的努力、看到他们每一点的进步和变化,要及时肯定他们的进步,在评价标准掌握上,要有一定的相对性。课堂教学中科学、合理地评价学生是每个教师的基本功,教师能否正确运用评价手段促进学生全面发展,取决于教师是否具有正确的评价观。教师要适应素质教育的要求,就必须能正确运用科学的评价手段,使学生在科学评价的引导下,素质得到均衡、协调、全面的发展,走向成熟,迈向成功。

第二节 对学生记笔记行为的评价——教会学生做好课堂笔记

除了听讲,记笔记也是不容忽视的一个重要环节,学会做笔记,养成良好的做笔记习惯,将会对我们的学习大有裨益。不重视做笔记、不善于做笔记,是不可能真正学好生物知识、提高生物水平的。要教会学生做好课堂笔记,首先要向学生讲明白做笔记都有哪些好处。这些好处大体说来有以下几点。

一、课堂笔记记什么

勤记笔记是生物学习方法中至关重要的一点。做笔记的好处很多,首先,它能促使学生们集中精力,认真听课;其次,记下来的有关知识,有利于今后的复习;再次,它能培养学生们的记录和书写能力,养成良好的学习习惯。

那么,课堂笔记应该记些什么呢?下面结合学生的学习和教师的教学情况进行探讨。

1. 记"新"知识

每节生物课的知识侧重点各不相同,知识都是新旧交织在一起的,为了提高课堂学习的效率,就要求学生要形成筛选新知识的意识。筛选出的新知识要及时记下来,记全、记清,并且具有概括性。

2. 记跨学科的知识要点

生物的学习会涉及其他很多学科的知识,对于能引起我们知识结构迁移的,应该马上记下来,并注明自己需要补充的相关知识,可能要查找的资料等。这样,学生的知识面就会越来越宽,运用知识的能力也会越来越强。那么,学生在不同内容、知识的相互交叉、渗透和整合中开阔了视野,提高了学习效率,就能初步获得现代社会所要求的生物实践能力。

3. 记闪光的语言

在课堂学习过程中,不论是教师或学生,都会有精彩的思想火花迸发出来。将那些引起自己思想共鸣的、感动自己的语言以"凡人警句"的形式记录下来,无疑对学生积累词汇、丰富知识储备有很好的帮助。同时,这些闪光的语言来自自己身边的伙伴们,它们会引起学生更多的思索:他们怎么会说得那么好?下次,我也来试试吧。

4. 记瞬间感悟

如果学生在学习过程中确实认真投入思考了,那么,对于知识的理解,他们常常会产生一些瞬间的灵感。教师在教学中要引导学生抓住这些灵感,及时记录。为了课下整理、完善这些学习灵感,可将自己即时的思绪用非常简练的词语记下来,因为这些瞬间的火花稍纵即逝,很难再捕捉到。学生如果有了这种意识,学习的自觉性一定会加强,学习生物的触角也就会延伸到社会生活中去。

二、课堂笔记怎样记

有些学生听课抓不住重点，不知道要记什么，有时低头记笔记，又耽误了听课，漏掉了重要的内容。应该怎样做好课堂笔记呢？希望下面的方法对大家有帮助。

提纲挈领地记：记笔记一定要有选择地记，有计划地记，简练地记，不能面面俱到。越想全面具体，越漏洞百出。因为课堂上没有足够的时间让你就一个问题深思熟虑。即使你真的做到了，那么，你肯定遗漏了很多其他的知识。用自己明白的、概括化的语言将知识记录下来，课后再做整理，不仅能提高课堂学习效率，也能锻炼听课的能力。

有个性地记：什么是有个性的记笔记呢？也就是要有自己的一套速记符号。这就要求学生多动脑筋，自创符号并牢记符号的意义，熟练运用。"圈""点""批""划"时做上不同的记号，这样，可以使注意力高度集中，提高课堂记笔记的速度，还可以加深听课的印象。另外，为了区别笔记的内容，便于复习，也可以使用不同色彩的笔。如：需要牢记的用红色的笔书写，需要请教教师的用绿色的笔书写，需要查找资料的用蓝色的笔书写……

有规划地记：也就是笔记记在哪里，自己要心中有数，不能乱记。一般我主张笔记记在课本上，最便于复习巩固。一是节省时间，不用一会翻书，一会翻笔记本，弄得手忙脚乱，影响听课，而且也容易保存。二是有助于知识的消化积累，相关的知识，集中理解，易于迁移。如果课本的"天头""地脚"或空白处空间不够，可以再添加插页，粘贴在课本的相应位置，并做好标记。井然有序的笔记对学习生物一定会有很大的帮助。

三、课堂笔记应注意什么

不能听一句记一句，必须听完一个完整的句子，理解之后用自己的语言记录。"捡了芝麻，丢了西瓜"是记笔记的大忌。

多动脑，勤动笔。"不动笔墨不读书"，古训意蕴丰富，富含哲理，应成为学生学习的座右铭。

要养成习惯。叶圣陶先生说："凡是好的态度和好的方法，都要使它化为习惯。只要熟练得成了习惯,好的态度才能随时随地表现,好的方法才能随时随地应用,好像出于本能,一辈子受用不尽。”

四、做笔记的好处

一是有助于集中注意力,专心听讲。要想做好课堂笔记,思维就得跟着老师上课走。老师导向哪里,讲解哪里,学生就应该想到哪里,听到哪里。开小差是不行的,不然会漏掉要记的内容。

二是有助于培养动脑动手的能力。要能及时记下笔记,不仅要求听得懂,而且要求记得快。要能听得懂,就要积极动脑思考问题,快速理解;要能记得快,一方面答题要熟练,另一方面书写速度不能慢。

三是有助于增强鉴别力与思维的敏捷性。做课堂笔记也要经过一番筛选。教材中哪一处是重要点,哪一处是次要点,老师哪些讲得详细,哪些讲得简略,学生要能在听课过程中做出自己的判断,要能对老师的分析、点拨做出敏捷的思维反应,经过及时地鉴别、筛选,准确地将老师的重要表述与总结的要点记下来。

四是有助于课后复习,收到消化、巩固之效。一篇课文或一个单元学完后,可以对课堂笔记进行一番整理。这种整理过程也是对教材的温习与梳理。在温习与梳理中能加深对所学知识的理解,能够较好地消化、巩固所学知识。学生懂得了做课堂笔记的好处,可能会重视做笔记,但做好笔记的能力不是一天两天就能形成的。若不能得到方法上的恰当指导与严格的训练,学生最终会失去做笔记的兴趣而依然故态,懒于做笔记。因此,生物课堂应加强做课堂笔记的严格训练,并在方法上给予恰当的指导。在训练做笔记的起始阶段,要采取“扶”的方法,可以告诉学生,需要做笔记的地方老师会予以强调、重复,对老师强调了、重复了的内容仍然不愿动手或不会动手做笔记的同学,应特别加以督促或指导。教师应考虑学生记笔记的需要,适当放慢说话的速度,且字音要咬准,吐词要清晰,尽量避免长句子,多用短句子。要留给学生足够的时间,既保证写得完,又促使学生在写的同时能够去思考,去理解,避免学生只顾写不动脑思考。为了便于学生随着课堂节奏有层次地做好笔记,教师应在课堂结构的转折处做出明确的示意,既要承上做总结性的归纳,又要启下做简要的导入。经过一定时间的训练,可以集中展示、交流学生的课堂笔记，让他们互相比较、借鉴，彼此取长补短。这样，既能激发学生的进取心，使之保持做笔记的高昂热情，又能促使他们不断总结做笔记的经验，提高做笔记的能力。可以相信，学生重视做笔记了，善于做笔记了，他们的学习自觉性与主动性必然会增强，他们的知识水平与学习能力必然会有切实的提高。学生养成了做课堂笔记的习惯，形成了做课堂笔记的能力，从某种程度上说就是学生学会了学习，善于学习了。素质教育的一个重要要求就是要让学生学会学习，善于学习。

因此，教会学生做课堂笔记也是素质教育对生物课堂教学应有的要求，我们生物教师应该而且必须努力去做好。

【附】优秀学生是如何记课堂笔记的（举例）

中学生学习的过程，是接受知识的过程。这个过程就是“学习—理解—记忆”的过程。记笔记正是促进学习、理解、记忆三方面连接的一条重要途径。

记笔记的方法固然没有统一的规格，但是从原则上讲还是有章可循的。下面我们就介绍一下少年大学生李平记课堂笔记的方法。

李平同学是1978年3月第一期少年班的学生，那时他才15周岁，入学前是初中三年级学生。1981年在中美联合招收赴美生物化学研究生的考试中以优异的成绩被录取，赴美国康乃尔大学深造。出国之前，李平给低年级同学写了一篇学习体会——《谈谈对笔记的认识》，不仅讲了记笔记的重要性，还谈到了记笔记的方法。

李平归纳了两种记笔记的方法：详记和略记。

详记，就是把课堂上讲的知识尽可能全面地记下来。这种方法适用于政治、语文、生物、部分化学课程。这些课程的特点是内容比较散，各部分之间的逻辑联系不强，而且各部分内容的重要性和分量比较平均，如果记录不完整，容易产生不连贯、不全面、散架子的现象。

略记，就是只记录主要内容，次要内容略去。这样，可以省出时间来思考问题。这种方法适用于数学、物理、部分化学课程等。这些课程的特点是前后内容紧密联系，逻辑性强，公式方程等各种关系式较多，因而只要掌握关键内容即可，其余问题可由此推出、迎刃而解。至于公式的推导过程更不用详记，只要把推导过程中关键的假设、转移、使用的定理等记下即可。

当然，这两种方法也不是绝对分开的，也有一门课程的笔记是两种方法的综合。

课堂笔记本，每一页应当留下四分之一的宽度空出来，以便随时补充新的内容。因为，有时即使是同一内容，每看一次都会有不同的体会和认识，也需要留出空间来添写。

课堂笔记要掌握两个要点：

(1)不要放过课本之外的精华

课本只是讲述知识的，编课本的人一般并不把编写的思路、学习方法等都编进课本。教师在讲课的时候，经常会谈到许多关于学习方法、思想方法等内容，这些虽然不是课本知识体系以内的内容，但是它是老师的切身经验，对学习有效，对中学生提高素质、能力极有好处，也应及时记入课堂笔记，切勿放过。

(2)条理化

一般来说，中学老师讲课，都要把章节标题写在黑板上，这部分内容记下来有助于了解知识的系统性、条理性。但也会出现因课文内容需要、老师讲授思路不同，而不按板书顺序讲课的情况。如老师有时从课堂效果出发补充某些内容，插入对已学知识的回顾，或者颠倒某些课程内容体系中的顺序，这时，既要跟着老师的思路听课，也要注意保持知识本身固有的顺序和条理。

第三节　对学生课堂讨论行为的评价

新课程倡导“自主、合作、探究”的学习理念，而课堂教学中“自主、合作、探究”主要通过“课堂讨论”的途径来实现。有效的课堂讨论中各环节的安排要遵循教学过程中学生学习的认知规律。讨论题的设计要紧紧围绕新课标三维目标的落实进行，讨论的组织要科学、合理、深入，使教学借助于“讨论”，让学生全面深入地参与到教学活动中去，使课堂教学真正实现“着眼于学生的发展”。

随着课程改革的日益深入，讨论式教学在生物教学中广泛地为广大教师所运用。课堂讨论是小组合作学习的外在形式之一，特别是在新课程改革的今天，呼唤"自主、合作、探究"的学习方式的背景下，更成为生物课堂教学的一个热点。然而，许多教师在认识上存在误区，认为只要两个或四个人围在一起就是讨论，就是合作，就是互动。往往出现"热热闹闹开始，冷冷清清收场"的现象，或是表面热闹，少数人抢着发言，多数人不介入的状况等，这些都不是有效讨论。因此，在新一轮国家基础教育课程改革深入发展的今天，探讨在中学生物课堂中如何进行有效讨论显得十分迫切和必要了。为此，仅就生物课堂中以小组学习形式的"有效讨论"，谈谈本人初步实践的体会与浅见。

一、课堂讨论的作用和意义

课堂讨论是指师生之间、生生之间就某一问题互相交换观点和看法，并针对问题的某些方面进行争论和辩解，最终达到共同理解，以及求同存异。教育家哈里麦克多斯认为，课堂讨论会使学生"对学习产生新的看法和动力"，会使学习任务完成得"更自然、更有效"。课堂讨论引入得适时、恰当，能使课堂教学更有生机和活力。有效的课堂讨论能使课堂反映出民主、和谐、宽松、张扬的教学氛围，能激发学生探究的欲望、求知的欲望、表现的欲望。在探究过程中，个性才能逐渐形成；在讨论的过程中，学习智慧的火花相互碰撞。思维层面方式相互补充，学生有不断经历成功和失败的体验，使学生的情感、态度、价值观逐步形成和完善。讨论为实现教学目标服务，是解决教学重点、突破难点的有效手段，是体现学生主体化学习的途径。同时，也体现了新课程教学理念的核心，着眼于学生的发展。

二、判定课堂讨论有效性的关键在于三维目标在课堂中的落实

1. 正确把握三维教学目标

新课程理念下的三维目标是知识与能力、过程与方法、情感态度与价值观这三个维度方面的目标。

在三维目标中，知识具有奠基性作用。离开了知识的习得，谈不上学生的能力和素质的提高。能力和素质是在知识的掌握、建构、内化、运用的活

动中铸就的。正如有的学生所言，能力不过是内化了的知识的综合体现，而素质则是活化了的知识的积淀和升华。学生的学习过程是构建知识的过程，同时也应是智力和非智力因素协调发展的过程。知识、能力、态度三者是有机结合的整体。要把能力的培养和态度的发展融于学习知识的过程中。所以《基础教育课程改革纲要》中指出，“改变课程过于注重知识传授的倾向，强调形成积极主动的学习态度，使获得基础知识和基本技能的过程同时成为学会学习和形成正确价值观的过程。”

2. 有效的讨论必须紧紧围绕三维目标的落实进行

知识目标方面，对问题的有效讨论需要相关的知识和经验。课堂讨论通常情况下只安排几分钟或十几分钟。这几分钟成效如何，很大程度上取决于讨论内容的选择。因此，教师在组织课堂讨论之前，必须悉心进行讨论题的设计。首先，组织讨论之前，教师必须悉心研究教材。明确本节课的知识目标，把握教材的重点、难点，越是教材的核心问题越要让学生去主动学习。特别是生物教学中的一些概念，光靠教师的讲解和简单地下定义，学生不但印象不深，而且对概念的认识也较肤浅。如“绿色植物通过光合作用制造有机物”一节中，光合作用的概念是这节课的重点、难点知识。教师若直接问“什么是光合作用”后让学生自学讨论，这样太笼统，难理解，对概念的认识也较肤浅。若能放手让学生通过进行自主探究绿叶在光下制造有机物的实验后，讨论绿色植物是怎样制造有机物的？它们制造的有机物主要是什么？光照是绿叶制造有机物不可缺少的条件吗？并归纳光合作用的场所、条件、物质转换和能量转化的特点等，就能深入挖掘其中的内涵。学生对其概念的理解更加透彻，掌握得更加牢固。

同时，要悉心研究学生，从学生的认知规律考虑。要使课堂讨论能够有效地展开，教师还要了解学生，同时要使学生真正成为合作学习者。在合作中有效的交流和思考，必须要求对学生已有的知识储备与能力有充分的了解，把握学生的最近发展区，这样才能有效地设定学生发展的目标，确定引导学生实现发展的措施。如在进行“血液循环的途径”这部分知识教学时，展示血液循环模式图，让学生在自学的基础上讨论体循环和肺循环的基本途径以及血液成分的变化。相当一部分同学一片茫然，随意乱猜，这主要是由于学生对前面已学的心脏的结构等知识有所遗忘。因此，不能达到在讨论中交流,在交流中升华的效果。针对这种情况,应在新课之前设计对相关知识如“心脏的结构”等的复习,使学生具备一定的知识准备。

能力目标方面,生物新课程要求学生在能力方面初步具有生物学实验操作的基本技能、一定的科学探究和实践能力,养成科学思维的习惯。在科学探究中,培养学生的合作能力、实践能力、提出问题与分析问题的能力、归纳能力、综合演绎及初步创新的能力。课堂中问题的讨论起着重要的穿针引线的作用。在对问题的讨论中,学生既可表现自己,又可接受他人的评判,并评判他人。在这种合作学习中,既掌握了知识,又提高了自己的能力。因此如何科学、有效地设计讨论题是三维目标中能力目标能否落实的一项重要工作。

讨论题的设计要有一定的价值,要把握一定的难度、梯度。问题太简单会使学生产生厌倦和轻视心理,有“轻而易举之感”,造成学生思维肤浅,不善于动脑分析问题,不利于学生求知的意志和品格的形成。如果问题太难,不符合学生的知识和能力水平,会给学生心理造成压力,感到束手无策,产生畏惧情感。这样的讨论是没有价值的、无效的讨论,不利于能力的培养。因此,教师应根据教材内容和学生的知识水平设计讨论题。讨论题,要面向全体学生。问题,要有一定的层次性,使每一个学生都能参与到教学活动中,发挥每个学生的潜能,从而培养各种能力。例如,在引导学生解读植物的光合作用及呼吸作用的图解后,出示以下问题:“你能比较出光合作用和呼吸作用的异同点吗?”“它们的实质和关系如何?”“如何才能提高农作物的总产量?”“如果给你一个大棚种植农作物,你将怎么做?”这样的问题不至于使学生“坐在地上摘桃子”或“搭梯子也摘不到桃子”,而能够让学生“跳起来摘桃子”。前两个问题学生进行讨论后很快达成共识,而后两个问题,学生的回答“百花齐放”,有的说农作物增产要延长光照时间,加大光照强度,增加二氧化碳浓度,松土、施肥;有的说可以合理密植,间作套种;还有的说要生物除虫,保护环境。关于大棚种植问题,有的学生提出要从低成本、高效益想办法;有的提出向大棚内充氮气或减少氧气能降低呼吸作用,提高农作物产量的想法;等等。通过这样具有一定层次、难度的问题的讨论能有效地引导学生的思维活动由浅到深发展,有利于培养学生思维、分析问题、解决问题、归纳、演绎、初步创新等能力,有效地实现能力目标的落实。

情感、态度、价值观目标方面，学生的认知过程必然有情感伴随，只有以情为动力，以知为依据，做到情理交融，相互促成，才能使智力和非智力因素和谐发展。所以，设计讨论题时既要切合学生的认知水平，又要积极有效地创设问题情景，培养学生情趣，激发学生的内部动机，使学生成为课堂的主人。课堂讨论只有在学生积极主动地参与学习，通过讨论、大胆质疑、勇于探索，学生的潜能才能得到发挥，创新能力才能得以形成和发展，这样的讨论才是有效的讨论。因此，教师要营造一个宽松、民主、和谐、愉悦的讨论氛围，培养学生的主体意识，培养学生互学互助的团队精神，多给学生一些鼓励和表扬。要知道一点点的鼓励，一些掌声，对学生都是莫大的鼓舞和激励，使他们感受到教师的期望，也体验到成功的喜悦，从而增强他们的自信心。教师在不得不对小组做出评价时，应做到客观公正，不带有偏见和个人感情色彩。这些对讨论的有效性起着重要的作用。如在“爱护植被，绿化祖国”这一章节中，先让学生对我国的森林资源进行课前讨论，对讨论进行是否切题和讨论的事实进行指导。课上，就“大量使用一次性筷子会不会破坏森林资源”等问题适时予以分析和评价。在讨论过程中，思考我们应该怎样更有效地爱护植被。某些环节上，教师可以适时地介入讨论，并就如何绿化祖国等问题让学生进行讨论。引导学生学会自己发现问题、分析问题、解决问题，同时要善于捕捉和发现学生在讨论中独立思考和自由阐述观点的时刻，学生在思维活动中出现的有创新的见解和想法应及时给予鼓励。讨论气氛要热烈，这样学生不仅学到了知识，也培养了发散思维和创新的能力。而且还帮助学生从中受到了教育，也使三维目标的教学得到了落实。

3. 有效讨论的组织形式

新型的学习方式需要合作，而合作讨论的形式有小组合作、生生合作、师生合作等。有效讨论的形式一般常用分组讨论，合作学习中各环节的安排要遵循教学过程中学生学习的形式。小组人员要合理搭配，当然小组成员越多，汇集起来的知识、见解和经验就可能越多，但不是小组成员越多一定越好，因为讨论的组织要科学、合理才行，小组人数越多，部分成员就很少甚至没有机会发表见解。通常是把表达能力较弱的学生分在不同的组。同时，教师必须悉心研究教材，研究学生，讨论题的设计要紧紧围绕新课程的三维目标，课堂教学做适当搭配，根据讨论问题的大小和难度，真正实现“着眼于学生的发展”。

第四节　对学生小组合作学习行为的评价

小组合作学习是目前世界上许多国家普遍采用的一种富有创意的教学理论与方略。小组合作学习就是以合作学习小组为基本形式，系统地利用教学中动态因素之间的互动，促进学生的学习，以团体的成绩为评价标准，共同达成教学目标的教学活动。它的目的是为学生创造更宽松和宽容的学习环境，把小组的不同思想进行优化整合，把个人独立思考的成果转化为全组共同的成果，以群体智慧来探究问题、解决问题。有效的合作学习对学生的智力、情感以及培养社会合作精神都会产生积极的影响。

中学生物课堂中，有的小组讨论表面上看轰轰烈烈、热热闹闹，但细细考察，问题不少。有的小组你一言我一语，每个人都在张嘴，谁也听不清谁在说什么；有的小组是组长一人唱“独角戏”，其余学生当听众，不做任何补充；有的小组的后进生把此时当作玩耍的最好时机。有时，教师在一节课中多次让学生合作，学生还未进入状态，教师就要求学生停止合作，进行全班交流，其结果是欲速则不达。

本书旨在通过对中学生物课堂中学生合作学习现状进行调查研究，改变小组合作学习流于形式的现状，为真正提高中学生小组合作学习的实效性提供有效的支持和帮助。

一、转变教师的教育观念，变“演员”为“导演”

新课程的核心理念是“以人为本”，强调的是“一切为了学生、为了学生的一切、为了一切学生”，关注的是学生的情感、态度、能力和价值观，着力点是帮助和促进学生“学会做人、学会合作、学会生活、学会学习”。然而，很多教师还是很难打破头脑中固有的应试教育模式，担心学生自己通过思考、查阅、讨论等方式获得答案的方法不够好，担心学生的成绩不好，担心学校的升学率，等等。一些教师总是在放与不放之间徘徊，最终，导致改革游走于改的担心与不改的坚持之间，不伦不类。现代教学对教师的要求，不在于是否会讲述知识，而在于能激发学生的学习动机，唤起学生的求知欲望，让他们兴趣盎然地参与到教学过程中来。因此，优秀的教师不应该是“演员”，而应该是“导演”。

二、科学地组建合作学习小组

学习小组的组建是合作学习活动顺利开展的前提。在当前的中学课堂中，教师一般按座位分组，这样组成的小组过于简单、随意，无法实现组员间的优势互补，所以，教师首先要掌握分组的原则，科学组建合作学习小组。

1. 小组组建原则

讨论小组以4～6人为一组，男女各半；分优等生、中等生、差等生（AA、BB、CC）三层。科学划分，学习成绩均衡，便于各小组公平竞争，使每个小组成为班级学习的缩影。每个小组都有自己设计的小组名称、小组组徽、组训、组歌、组内公约、组内目标等。

2. 选好学习小组长

学习小组长的作用至关重要，是教师的助手和代言人，是一组之魂。学习小组长的学习能力就是一个班级的学习能力；学习小组长的学习水平就是一个班级的学习水平，更是一个教师的教学水平。

3. 组员分工明确

每个学习小组内应有明确的分工，每一位小组成员都要承担一定的角色，负起一定的责任，如管纪律、管学习、管卫生等。教师应尽量做到使每一个小组成员都有事可干，最大限度地调动每个学生的积极性。

4. 学习小组可适时进行调整

学习小组的划分不是一成不变的，可适时进行个别调整，如阶段考试后，或个别学生间的相处矛盾等，避免学生在合作能力上形成思维定式，避免各小组之间发展的不平衡。

三、把握好小组合作时机

合作学习的理论认为，合作的价值就在于通过合作实现学生间的优势互补，培养学生的合作意识与合作技能。为此，教师不能一遇到问题就让学生讨论，而要根据教材的重难点、学生的实际，选择恰当的合作时机，进行小组合作学习。那么，应在哪些情况下开展小组合作学习呢？

1. 在独立思考出现困难时

当学生遇到仅依靠独立思考无法解决问题时，学生在经过合作讨论后，思维相互受到启发，思路得到扩展，从而找到了答案。即使答案不完整，这样的过程也会激起学生学习的热情。

2. 在学生意见不统一时

教师可以先让持相同意见的学生一起合作，与观点不同的对方争辩，在辩论中判断正误；也可由教师引导学生辨别出更好的解释，这样，学生的记忆会更深刻。

3. 在答案呈现多样化时

在中学学习内容中，常常有一些需要学生相互帮助才能完成的操作内容，例如，"细胞模型的制作"中，在一定的时间范围内，就需要有的学生负责制作细胞模型，有的学生负责制作各种细胞器，有的学生负责组装，这样让学生在活动中学会分工负责，团结协作，培养他们的集体意识和互助意识，促进学生合作能力的提高。

四、加强小组合作指导

1. 加强方法的指导

要提高小组合作的有效性，教师必须加强方法的指导。一是组织管理的指导，如对小组长如何管理小组的方法指导（如何制定小组规则？如何对组员进行激励？如何解决组员不能主动完成任务的情况？等）。二是合作过程的指导，如教师深入小组指导学生制订行之有效的实施方案（当组员闹矛盾时如何解决？如何根据组员的个性特长合理安排任务？组员之间如何才能互相帮助？等）。

2. 帮助小组形成良好的合作精神

一个合作效率高的团队一定具有良好的团队精神，这种精神增加了团队的凝聚力，可以于无形中给每位成员在思想上建立一个为本组争光出力的愿望。因此，教师可在课堂教学中对小组进行评价打分，教师要及时深入小组鼓励等。

3. 注重小组评价机制的运用，监督和促进各小组搞好合作

如指导各个小组制定本组的评价办法，教师可在班上建立全班性评价办法，以调动小组间的竞争积极性。我在班上设计制作了一个“最佳小组评选”活动的海报，张贴在教室里。每周对各小组进行总评，用学生自己喜欢的图示标注出来，如QQ的等级制度(星星、月亮、太阳)，学生会很兴奋地参与评价比拼，在全班形成了相互竞争的状态。

总之，教师在合作过程中不是一个旁观者，而是一名积极的参与者。在学生开展合作讨论时，教师要主动从讲台上走到学生中间巡视，对各个小组的合作进行观察和介入。同时，教师还要针对学生合作中出现的各种问题进行及时有效的指导，帮助学生提高合作技巧，顺利完成学习任务。学生的小组合作探究有了教师的参与和指导，就能避免“短暂繁荣”“华而不实”的现象，从而使小组合作学习真正发挥其效益，真正为教学目标服务。这样，才能真正培养学生的合作意识与合作技能，使学生的合作更加得当，交流更加有效。

【附】教师对学生课堂表现评语

听：

1. 大家听得这么专心，我真是越讲越有劲。

2. 大家对这些内容这么感兴趣，说明我的辛苦没有白费。

3. 你们专注听讲的表情，给我鼓励。

4. 我从你们的眼神中感觉到，你们还有疑问能告诉我吗？我想为你服务。

5. 我不知道我这样说你是否明白。

6. 不知我说的话你听清了没有，你明白了没有，能告诉我吗？

7. 我的解释不知是否令你们满意，课后我们都去研究研究。

8. 你们的眼神告诉我，你们还是没完全明白，能告诉我哪里不懂吗？

9.“听”也是一种学习方式，我希望大家都学会它。

10. 从听课的情况，反映出你们都是遵守纪律的好学生。

说：

1. 你说得很正确、很清楚，我听明白了。

2. 虽然你说得不完全正确，但我很欣赏你的勇敢。

3. 你很有创见，这非常可贵，能再响亮地说一遍吗？

4. ××说得还不完全，哪一位能补充。

5. 老师知道你心里已经明白，但是嘴上说不出，没关系，我帮你把意思说出来，你听听是否与你的意思差不多。

6. 说，是用嘴来写，无论是一句话，还是一段话，首先要说清楚。想好了再说，把自己要说的话在心里整理一下再说清楚，是对听的人负责。

7. 对！说得很好，很高兴你能说得这么好，很高兴你有这样的认识！

8. 我们今天的讨论很热烈，参与的人数也多，说得很有见解，我会为你们感到骄傲的。

9. 说话，是把自己心里的想法表达出来，与别人交流。说时要想想别人听得明白吗？

10. 说话，是与别人交流，所以要注意仪态，身要正，不扭动，眼要正视对方。对！就是这样！人在小时候容易养成不良习惯，经常注意哦。

问：

1.“学贵有疑”，问题是学习、思考的结果。你的问题提得很有水平。

2. 你的问题很有价值，看来你读书时是用心思考的。

3. 这里有同学提出了这样一个问题，请大家帮忙解决解决。

4. 你们现在能问到点子上了。

5. 你们的思想变得很敏锐了，连这些问题都能想到。

6. 这个问题提得很有意思，让我试着回答回答，正确与否，你可以去验证。

7. 今天我们的提问已大大地超出了课文的范围，反映了我们的思维是何等的活跃。

8. 有些问题我们可先问自己，自己有能力解决的，就不必向别人提出，让我们试试看，刚才新提出的问题，哪些是自己能解决的？

9. 有一个问题，我也想不明白，谁能帮我解决？

10. 我从同学们的提问中，看到的是思维的火花，它非常灿烂。与其说是我在教你们，不如说是你们在考我，你们的学习能力提高得真快。

写：

1. 同学们的作业本保持得很干净，字迹书写也端正，这是良好的学习习惯，我很高兴。

2. 请同学们看(用手扬起一大沓本子)，我今天要表扬这么多同学，你猜，这里会有你吗？

第五章 生物课堂教学效果及其评价

课堂上教师对学生的评价方式很多，但如果一堂课上，老师都只是用"好""很好""不错"等话语，或者全班同学一起鼓掌、表扬等方法来笼统地评价学生，这种机械评价鼓励学生的学习是乏味的，没有色彩的，最终会磨灭学生学习的积极性。正确评价学生，早已成为现代教育关注的焦点。教师在评价学生时，不再单单是一个等级，一个分数，而是要在体现教师对学生尊重和关爱的基础上，通过评价促进学生在原有水平上的提高，达到基础教育培养目标的要求，发现学生的潜能和特长，帮助他们认识自我，建立自信。

第一节 如何及时评价学生学习的效果

教师在教学中如何正确实施评价，既能保护学生的自尊和积极性，又能提高学生的原有认识水平呢？我认为，表扬和批评仍是教学中的一对法宝，教师只要能灵活地运用好表扬、批评等手段，让他们在教学中相辅相成，交相辉映，就会达到双赢的效果。

一、适时表扬

适时表扬，一是抓住时机及时表扬（针对大多数学生）。教师给学生及时的评价、恰如其分的赞美，都能对学生产生强化作用，因此要求教师要有敏锐的观察力，随机应变的语言机智。这样，不仅可以激发他本人对高质量学习的持续追求，还可激励其他同学养成爱读书、爱思考的好习惯。二是抓住亮点及时鼓励(针对学困生)。学困生一般都表现不佳或很少表现,教师在课堂中只要发现他们的一点点进步,就及时表扬,让其感受到老师时刻在关注他们。他们的进步随时都会受到老师的表扬,在以后的课堂上他们可能会比以前更认真听课,也可能少做小动作,或者敢于举手回答问题了。我们要随时捕捉学困生的每一次闪光点,适时表扬。

二、温馨批评

温馨批评,一是运用关切的语气,让学生感到温暖。教师要把每个学生当成自己的孩子,师生间保持朋友关系,这样就会用心去说服、教育学生。批评学生要充满爱心,有强烈的责任感,学生才会接近你、理解你、乐于接受你的批评,正所谓"亲其师而信其道"。二是运用和缓的语调,让学生感到震撼。现代教育处处提倡"以人为本",在批评学生时,我们也要遵循这一理念,面对不同学生,我们要根据他们的个性差异,采用不同的教育方式,因势利导。如对性格内向、敏感、疑虑心较重的学生,我们可用提醒、启发或提问之类的语言与学生交谈,也可用微笑、眼神等体态语言暗示性地批评学生。对于性格外向、反应较快、脾气暴躁的学生,则可采用"商讨式"的语调平等地和学生交流,循序渐进,心平气和地把批评的信息传递给他们,让他们逐步认识到自己的错误,逐步做到自我约束、自我管理、不断进步。三是将口头语与体态语结合。课堂上,有经验的老师能将有声语和体态语有机结合;能将预设语和随机语有机结合;能根据学生的反馈信息或突发情况,临时调整原先预设的口语流程,巧妙应对、独特创新地进行评价。尤其是体态语如果应用得当,能够较大限度地调动课堂气氛,将课堂推向高潮。四是运用灵活的语词,让学生诚服,教师批评学生时,要摆事实、讲道理、以理服人,注意分寸和尺度,说话要留有余地,必要时可在批评前先表扬他,让学生明白,老师不但看到了他的缺点,而且看到了他的成绩。这样,学生便能在教师的引导下,改正自己的缺点,收到良好的教育效果。

三、关于评价的个人点滴经验

1. 评价一定要具有针对性

在有限的课堂教学时间内,教师不可能对所有学生的表现都进行评价,应有针对性。如有的学生有进步，要及时加以肯定；有的学生学习方法很成功，就在全班同学中推广；有的学生很有创造性见解，就称赞他善于动脑。针对各个教学环节的特点，也要运用不同的评价方式，给学生以鲜明的、准确的评价，要从学习思维的深度、广度、准确度、灵敏度以及语言表达的准确性、连贯性、完整性等方面加以分析，从而起到引导作用。

2. 评价要富有感染力

评价的目的是激发和调动学生的学习积极性，那么评价就必须具有对学生学习情绪的感染力。首先教师的评价语言要丰富，但除了有声语言外，还可以用肢体语言加以评价，如点头、微笑、竖起大拇指、鼓掌或亲切地抚摩孩子的头等。如果教师的评价能与教学内容有机地结合起来，语言的回旋余地就大多了，可以更生动、更丰富。当美好的想象和心愿充分感染所有孩子的时候，才能真正发挥评价在课堂教学中的作用。

3. 评价要倡导自主性

评价不只是老师单方面对学生做出的评定，给予赏识激励，更重要的是调动学生自主参与评价的积极性，让他们在参与评价中学会发现自我、提升自我，从而完成对自我的激励与超越。课堂时间毕竟有限，老师不可能逐个去评价每个学生的活动，但评价活动又必须面对全体学生，学生自主参与评价就显得尤为重要。教学中，我经常采用男女生评价、同桌评价、小组评价等形式，把评价的权利交给他们，这样往往会收到意想不到的效果。

总之，表扬要适时，恰如其分；批评要温馨，充满关爱。表扬调动学生学习的积极性，批评让学生明白道理。

第二节　如何提高课堂教学评价的有效性

有效的课堂教学评价可从以下几个方面进行：

一、用适度有效的表扬进行评价，让课堂充满激情

所谓“有效”，就是表扬要适得其所，要关注学生的需要与状态，使表扬

真正起到激励与促进的作用。该表扬时，慷慨真诚；不该表扬时，“守口如瓶”。所谓“适度”，就是要掌握表扬的分寸，不任意夸大学生的优点。

不同的学生，对于表扬的期待与反应是不相同的。如回答简单的问题，学优生对于老师是否表扬往往表现得无所谓，受了表扬也常常是反应平平；后进生则不然，他们很在乎老师的表扬，即使是一个简单的问题，受到表扬后也能高兴一番。同一个学生，在不同的时候对于表扬的期待与反应也不相同。如学优生在解出难题或者对某题有新的解法时，他们就很在乎老师对他们的赞扬，用他们自己的话说就是“会感觉很兴奋”。

针对不同的需要，我们可以进行不同的表扬。

如果一位学优生回答问题非常完美，我们可用极其真诚的语气说：“你说话时有条不紊，表达的内容条理清晰，你对语言的感悟能力很强，你再努力一下能成为语言学家呢！”相信那位学生听了一定会自豪和兴奋的，而其他学生受了感染，也会纷纷举起手要求回答问题。

如果是一位比较腼腆的小姑娘回答了问题，虽然她的声音仍不响亮，但她已经能做到主动地举手发言了，这是她的进步。我们应抓住契机进行表扬：“今天你回答问题的声音真好听，我还想再听你说一遍刚才的答案，行吗？”相信小姑娘一定会非常激动的，以后的她也会越来越自信的。

简而言之，表扬要贴近学生的心理，表扬学生需要的，表扬学生在乎的，这样的表扬式评价才会真正起到有效的作用。

二、用委婉含蓄的批评进行评价，让课堂洋溢温情

通过教学实践，我发现以下两种方式的批评效果很好。

1. 幽默式批评

幽默式批评，即寓批评于诙谐之中。用一些充满爱心、智慧的话化解学生在课堂中的尴尬，小心翼翼地保护学生的心灵。这样可以很好地帮助学生纠正学习中的错误，让他们没有任何心理负担地投入学习，他们自然会争先恐后地发言。

2. 自省式批评

“批评的智慧在于让学生成为自我的批评者。”自省式批评最大的优点是能激活学生的主体意识，留下深刻的印象，因而效果往往比较持久。

课堂评价要求教师能根据学生的回答及时反馈信息，准确客观地指出学生的长处及存在的缺点，使学生对自己提出更高的标准，在一次一次的练习中扬长避短。

三、进行多元化评价，让课堂变成“伯乐”

在课堂教学中，评价的目的是促使学生对自己的学习进行反思，使学生更明智、更理性地进行学习，而不是盲目地被表扬所驱使，一味地为表扬而学习。因此，教师不但要把握好评价的不同方式方法，而且为了促进学生全面发展，应该在课堂评价中实施多元评价，积极建构多元互动的立体评价机制，多方面发现和发展学生的潜能。

1. 教师要积极引导学生学会自评，运用自评建立自信

学生自评有利于调动学生主动性，启发学生认识自我、发现自我；运用自评有利于减少对学生的伤害，使学生不断地认识和改进自我。

2. 教师要引导学生互评，促进合作，共同发展

教师在引导学生互评时，首先要帮助学生学会用欣赏的眼光看待伙伴，从伙伴的优点中找到自己的不足，从而激励学生共同发展。避免学生之间相互评价时，总是挑对方的“刺”，老师的评价语言应该引导他们慢慢学会用欣赏的眼光看待伙伴，能正视自己、正视伙伴。

课堂评价必须纠正“为了课堂热闹好看”的浮华，必须注重人性化，让学生成为评价的主人，让学生关注自己的发展和进步，真正体现评价所应有的教育意义。

应该注意的是，我们在对评价形式进行创新的时候，不要忘了一些很好的传统评价方式，如点头、微笑、眼神、口头与书面结合、当众与个别结合等。

总之，课堂教学评价应该是一种民主、平等的“对话”，这种“对话”过程贯穿着“尊重人、爱护人、发展人”的人本主义情怀。让我们实施科学有效的评价策略，用积极的态度看待学生，从每个学生发展的内在需要和实际状况出发，评价他们各自的发展进程，让每个学生都得到赏识，体验到成功，促使他们向着更高、更美的方向而努力！

第三节 关注“生物学素养”的养成

生物学科是一门实验科学,许多生物学现象在生活和生产中都有应用。用所学的生物学理论去解释生活或生产中的一些实际问题,既可以提高学生的学习兴趣,又能加深对所学知识的理解和记忆,对学生“生物学素养”的养成十分有效,所以我在平时的课堂教学中,选择适当的教学内容,联系生活中常见的材料,将理论知识直观地呈现给学生,起到了较好的效果。现就本人在平时教学中所做的几点尝试总结如下。

一、吸胀吸水的教学

教材相关内容:未成熟的植物细胞没有中央液泡,主要靠细胞中的蛋白质、淀粉和纤维素等亲水性物质进行吸胀吸水;进行吸胀吸水的植物组织、器官有干燥的种子、根尖分生区细胞等。

如果仅将这些内容灌输给学生,学生得到的是一些抽象的知识,不利于对吸胀吸水的理解和掌握,而若选择一些生活中常见的种子,将其吸胀吸水的现象展示给学生,则可加深对此知识的理解。

材料用具准备:在课前准备好少量小麦(或玉米)种子、大豆种子,将其分成两等份,一份不做处理,一份放在温水中浸泡几小时备用。

课堂展示:在讲完吸胀吸水相关知识后,将干燥的种子和浸泡过的种子展示给学生,并将两者体积的变化进行对比,思考亲水性物质的亲水性大小。

教学效果:使学生对吸胀吸水有更直观的认识,也便于比较和理解亲水性物质的亲水性大小。

二、植物细胞渗透作用的验证

教材相关内容:“成熟植物细胞是一个完整的渗透系统”,当其与外界溶液直接接触时,一旦有浓度差,就会发生渗透作用吸水或失水。教材中此现象是通过紫色洋葱表皮细胞的质壁分离和质壁分离复原实验来验证的。而这个实验是在下一个学时才能完成的，不容易给学生以完整的认识。所以在第一学时的课堂教学时，选用适当的材料，将其结果展示给学生，可使学生加深对植物细胞发生渗透作用知识的理解和掌握。

材料准备：大小相近的马铃薯块茎两个、小烧杯、清水、浓食盐水、小刀。

课堂展示：在两个马铃薯块茎上用小刀分别挖一个大小相同的洞（洞挖得深一些、直径小一些效果较好），在一个马铃薯的洞中加满清水，另一个马铃薯的洞中加满浓食盐水。过一段时间后，让学生观察实验现象。

实验现象与结果：加清水的洞中的液面有所下降，说明马铃薯细胞在浓度较低的水中发生了渗透吸水。而加浓食盐水的液面上升，溢出了洞外，说明马铃薯细胞在浓度较大的溶液中发生了渗透失水。

教学效果：这样可以让学生对渗透吸水和渗透失水有直观的认识，加深了对渗透作用的理解。

三、酵母菌有氧呼吸的验证

教材相关内容：细胞有氧呼吸经过一系列复杂的过程，最终将有机物分解成二氧化碳和水，同时释放大量的能量。

这一过程在生活和生产中有着广泛的应用。酵母菌是一种兼性厌氧型生物，在考题中经常以其为题干出题。为增强学生对有氧呼吸的认识，可在课堂理论教学的基础上增加对酵母菌发面（有氧呼吸）过程的观察。

材料和用具准备：面粉若干、干酵母若干、温水、一大一小两个面盆。

课堂展示：在上课之初，先将面粉和干酵母在小面盆中混合均匀，加入适量温水和成面团。在大面盆中加入适量温水，将小面盆放入其中，加盖。给学生说明酵母菌正在利用面粉中的有机物进行有氧呼吸，等一会儿我们一起来看结果，然后开始新课的讲授。等相关内容学完后，打开面盆让学生观察现象，同时提出几个问题让学生思考，如：为什么面团会膨大？为什么面团会变得柔软？把小面盆放在温水中的目的是什么？等等。

教学效果：在上课之初给学生设置了一个悬念，让学生始终带着好奇心去听课，提高了听课效率。使学生对生物的有氧呼吸有一个较直观的认识，加深了学生对呼吸作用反应物和生成物的理解和记忆。

在高中生物学教材中还有许多内容和我们的生产、生活及我们人体自身的结构和功能有着密切的联系，只要我们在教学过程中不断思考，大胆实践，总能找到让生物学课堂“活”起来的实例。

第四节　如何养成生物学习习惯

在新课程标准改革中，教育部提出了自主学习的理念，自主学习的提出是为了进一步培养学生独立自主的学习习惯。本书主要阐述帮助学生养成自主学习习惯的一些方法，包括导学方案和训练方案的正确使用，培养学生学习生物的兴趣，以及老师指导学生养成自主学习的习惯。以期帮助学生进行更高效的自主学习。

在新一轮课程改革中达到自主学习的要求所面临的主要问题是，老师在教学过程中如何引导和培养学生自主学习的习惯。在过去的教学中，比较重视教师在课堂中的主要角色，而忽视了学生的创新精神和实践能力。新课改之后，提倡让学生学会自主学习，提高学生的自学能力，让学生成为学习的主导者，促使学生全面发展，提高综合素质。因为自主学习可以改变传统的教学模式，在培养学生的独立人格和良好的世界观、人生观、价值观等方面具有不可替代的重要作用，已经引起了广泛的关注。因此，本书针对生物学的学习方法，探讨了自主学习习惯的养成方法。

一、合理使用习题，促进学生自主学习

掌握习题的正确使用方法，能帮助学生弄清解题思路，获得解题方法，形成完整的知识体系，提高自主学习的效率。导学方案与训练方案的设计是为了帮助同学更好地做到课前预习，使预习有目的性和针对性，具有知识点明确、重难点清晰的特点。要明确教师在自主学习过程中扮演着重要角色，解答学生的疑难问题，帮助同学们提高学习生物的积极性及其自主学习效率。利用习题，可以让学生迅速地掌握所学内容，这是一种较好的检测自主学习的效果与效率的方式。同时能够及时地进行知识点的整理与归纳，检测知识的掌握与应用。

1. 重用导学方案

在每次讲新课之前，我们生物组会集体讨论编制本节课的导学方案。导学方案的内容包括本节课的主要内容，本节课的重难点和教学流程，以及设置的一些相对简单的知识填空。通过导学方案，学生可以明确学习活动的路线规划图，学习的方向、路线和基本要求，自觉地做好课前准备。课堂上，学生在老师生动的指导以及导学方案的帮助下自主地完成各个环节的学习内容，融入学习的过程，将探索学习与合作学习相结合，让学生真正成为学习的主人，懂得如何自主学习。导学方案还给学生的自主学习提供了机会，学生根据自身学习情况和作息时间，合理、有效地安排学习时间和学习方法，做到根据学生的认知能力进行相应的教育。学会重读导学方案，有助于课后复习、检测、知识融会贯通，使学生形成自己的知识体系。而课后复习就是将课堂上学习的所有内容进行温习总结，形成自己的学习内容结构体系，是一个知识重现的过程，也是一个加强记忆的过程。这样，学生既做到当天的知识当天复习，利用导学方案进行复习，明确了重点和难点，又对所学内容进行了回顾，对不熟的知识点进行巩固熟悉，对于难点、理解上有困难的点取得了有针对性的突破。

2. 训练方案的应用

训练方案的设计是有层次的，高一时所有生物老师会围绕教学的重点、难点设计一些较为基础的课后习题，作为统一的作业，每一位同学都要认真完成。另外还有难易程度有区别的提高训练题，作为选做题，以提高学生对所学知识灵活运用的能力。练习题做完之后教师要及时地进行检查，归纳出问题较多的题进行统一讲解。对个别有问题的学生进行单独辅导，对做得好的、有进步的同学提出表扬。教师的及时点评，有助于提高学生的自学积极性；及时地查漏补缺，可以有效地提高学生的学习效率。学生在做习题的过程中要注意批注，错误的选项要为正确的，案例要批注在旁边，有利于日后的复习，从而提高复习效率。简单的试题只要做一次就行，但是不能不做，因为一般情况下这类题会考查基础知识点，这样可以对知识点进一步地熟悉，学会灵活应用，为以后学习中的“举一反三”打下基础。

二、激发学习兴趣，促进自主学习

在教学中要激发学生学习生物的兴趣，兴趣是进行自主学习的内在动力，能够让学生从被动接受式学习模式向主动探究式学习模式转变。因此，要灵活使用各种教学策略，选择合适的教学方法，让学生从被动接受知识转变成主动探索新知，进而养成主动学习的习惯。兴趣可以影响学生学习该学科的效率，可以驱动学生自发地进行学习，它不仅能提高学生的自主性、主动性，还能使学习更容易，从而有效地提高学习效率。

1. 兴趣在学习中发挥重要的作用

兴趣能提高学习的主动性、自觉性，并能使学习变得轻松，从而提高学习的效率。兴趣有助于智力的开发，是克服困难的一种潜在的心理因素，同时也是思维、记忆能力提高的内在动力。它有利于促进自主、探究学习，使学生得到自主发展，并对学习效果有增强的作用。因此，培养和激发学生的兴趣是提高教学质量的一个重要途径和方法。提高学生对生物学习的兴趣需要老师利用所学知识巧妙地提出相关的问题，从而激发学生的兴趣与好奇心，对问题主动地探索与思考。例如，在学习高中生物必修二中第一章“遗传因子的发现”时，老师可以问同学们：为什么种瓜得瓜，种豆得豆，该如何解释这一现象？为什么一母生九子，连母十个样？这是什么原因呢？类似这一类问题的提出可激发出学生们的好奇心，引起学生们迫切地想解决问题、主动学习的心理，积极思考，集中注意力提高学习的效率。

2. 理论联系实际的学习方法，提高学习兴趣

生物学习的实用性较强，可以与生活中的一些现象相联系，理论联系实际的学习方法不仅可以提高学生的学习兴趣和学习效率，还能更好地使知识得以应用，积累解题方法。如生物体为什么要合理地摄入各种营养成分？病人为什么只输入盐水和葡萄糖就能维持生命？通过生物的学习，身边的一些现象得到解释，大大地增加了学生学习生物的自信与兴趣。有了学习兴趣就能激发学生主动参与学习，主动探索知识。

3. 充分使用教具多媒体激发学生学习的兴趣

学生对事物的兴趣与学生对事物自身的认识关系密切，如果事物过于抽象，会让学生感到陌生，理解起来相当困难。这时，老师需要借助多媒体

课件和教学工具来辅助教学，学生可以直观地、具体地认识和理解某一知识。多媒体能够更形象地展示生物的原理和相关生理过程，帮助学生理解各种微观的生理过程，从而提高学生的学习兴趣。多媒体的使用能丰富课堂内容，体现在教师可以通过多媒体搜集并展示相关的、有趣的图片和视频，加深学生对所学知识的印象，提高学习的趣味性，使学生能更好地融入生物学习中。学习是一个过程，要让学生学会自主学习，课堂上教师就要主动地创造一个轻松活泼又不乏紧张感的学习氛围，创造出能让学生自主学习的机会。教师要不断变换教学方法和手段，利用多媒体教学最大的优势——利于设计情境，选择青少年能迅速进入的情境，这样可以很快集中学生的注意力，利用短暂的四十五分钟使学生获得最多的知识。

4. 重视生物实验，提高动手能力，激发学习兴趣

实验可以激发学生对生物学习的兴趣，兴趣是学生自主学习习惯形成的最好的老师。实验是培养学生动手能力和认知兴趣的一种重要方法，在生物教学中发挥着重要的作用。例如在“植物细胞的质壁分离与复原”的探究实验中，不仅能让学生掌握显微镜的使用方法，也能让学生感受到一个细胞在不同浓度溶液中形态变化的神奇，还可以让学生通过分析研究实验结果，提出可能出现的几种不同的实验结果及影响实验结果不同的因素。在此基础上，让学生分成若干个小组，根据假设设计实验步骤。学生可以通过自己在实验中观察到的实验现象得出实验结论，再和自己的假设进行比较。这样不仅能够提高学生的学习兴趣，还能充分发挥学生的主体性。发挥他们的主观能动性，体验自主学习的乐趣，增加学生学习的自信。所以，教师在教学过程中，不仅要鼓励学生自己动手操作实验，也要注重培养学生的感观兴趣，更要积极引导、培养和提高学生的创新兴趣。

三、合作学习，提高学生的自学能力

合作学习是学生学习的一种组织形式，有助于团队合作精神的培养，调动学生学习的主动性和积极性，帮助学生树立信心，使学生成为学习的主人，形成良好的自主学习习惯。合作学习模式能激起学习的激情，让学生在自主学习中找到适合自己的学习方法，进而有效地提高学习的效率。合作学习首先进行分组，每一个学习小组都有各自明确的学习目标与任务。学

习小组分好之后，还应要求每一位组员都要明确教学内容，只有每位组员都积极投入到学习过程中，才能互帮互助，提高学习效率。比如，测不同的水中所含微生物的种类时，需要多种不同的水源，需要多名同学采集不同的水源作为实验材料，并作出多种结果。这就要求小组内进行合作，在规定的时间内完成布置的任务，一起探讨，分享成果。学生在讨论时，老师要把握讨论进度和主题，如果讨论偏离了预定的主题，老师要及时指引，同时还要掌握学生的思维模式和思维逻辑，随机处理学生的疑难问题。这种合作方法的重大意义在于它能提高学生学习的积极性，达到学生主动学习的效果。

四、教授学习方法

为人师者，要传道授业解惑。传统的生物课堂，气氛比较沉闷，过度注重知识理论的获取，教学方式单一。学生在被动中学习，阻碍了学生的思维。另外，生物学中有很多知识比较抽象，学生一味地接受理论知识，很难有兴趣去探究生物的奥秘。自主学习习惯的形成能让学生成为学习的主导者，能帮助学生形成对生物学习的长久兴趣。所以，教师要在培养学生自主学习能力方面不断研究和总结。随着新课改的推进，科技的发展，我们有了更好的教学条件，所以，在现代教学中，教师在传授给学生课本知识、解答学生疑惑以及引导学生自主学习的时候，更要注重传授给学生学习的方法，帮助学生们养成自主学习的习惯。首先，看书要做笔记。不动笔墨就不算读书。看书时要动笔划出重点、做好笔记以及圈出不明白的问题，以便课堂上分清主次，向老师提问，和老师交流。其次，合理利用辅导书和工具书，方便解决课下不懂的问题。最后，预习看书的时候一定要勤于思考，大胆提出问题。在现代教学中，教师还要善于引导学生发现问题，鼓励学生敢于向老师和同学提问和交流。

第六章　生物课堂教学的语言及其评价

新课程改革下的生物课堂教学语言是传授知识、完成教学任务的重要工具。教学语言表达是否科学，直接关系到课堂教学的成败。科学性是教学语言的基本特征，也是对生物学教学最重要和最起码的要求。课堂教学语言的艺术性是实现教学相长的生命力，是出色完成教学任务的重要保证。课堂教学评价语言是教师从学习目标出发，对学习过程、状态和学生学习行为作出的价值判断。为了让学生知道自己的思考是否有效，在潜移默化中能获得知识，受到熏陶感染，课堂教学中的评价语言显得尤为重要。

第一节　生物课堂教学语言的特点及其优化

谈到生物课堂的语言艺术时，首先让我们探讨一下教学的语言艺术，教学语言作为课堂教学的载体，具有针对性、启发性、知识性和教育性的特点。然而结合生物教学，除以上特点外，生物课堂上的教学语言还应具备以下几个特点：

一、生物教学中的语言特点

1. 科学性

科学性，这是教学中使用语言的基本特征。语言的科学性主要是指课堂上的语言必须规范、准确、完整。

生物学作为一门科学，科学性的语言表述也是必须有的。首先体现在能够准确地表述课本中的概念和生物学的规律，其次能用语言客观正确地解释生物的多样性现象。语言的准确性是生物学科教学的核心。最后，作为新时期的生物学教师，只是简单地掌握课本知识是不够的，面对新时期的学生，生物课教师不仅需要准确地理解课程中的概念、规律，还应进一步把握其本质内容，通过准确的语言把事物现象及本质描述出来。

2. 严谨性

教学语言的严谨性，一是在科学性的基础上，即对具体课本中的概念、生物规律的解释、生物现象的描述，不仅要准确，还要严谨、恰当。比如，"能量"不等同于"能源"，"胚囊"不等同于"囊胚"，"脂肪"不等同于"脂质"。二是指对概念的描述要确切、肯定，不能出现"可能""也许""应该"之类的非确定性词语，避免学生获得的信息无法准确地帮助他们进行知识理解和建构。同时，还要注意一些限制语的使用，以避免把问题绝对化。

3. 情感性

新课改背景下的生物课程的教学，不能仅仅限制于学生对课本知识的掌握，更重要的是通过生物课程的学习，去启迪学生的心灵，陶冶学生的情操，让学生的情感在生物的课堂上得到升华。让学生明白生命的美，让他们更加热爱生命，感谢大自然，继而让他们拥有一个纯洁的心灵世界。这就要求我们老师结合课堂教学知识，通过富有激情和感染力的语言，让学生在学到知识的同时，达到情感的共鸣，进而更有效地服务课堂教学。

二、增强中学生物课堂语言应用的艺术性

1. 科学性中渗透趣味性

毋庸置疑，在中学生物的讲解中，语言的科学性是放在首位的，通过准确地表述让学生明白生物学规律和各种生命现象。但是要把相对抽象的理论形象化，就要求我们教师深刻挖掘教材，灵活运用课本知识，通过生动、风趣的语言将相对抽象的知识形象化、具体化，深入浅出。对于学生，风趣的语言、精彩的故事都具有很大的吸引力，可以勾起学生的兴趣，最终有利于学生学科知识的构筑。在知识的传递过程中，要避免语言的模棱两可，语言表述要准确、恰当，在此基础上要体现语言的趣味性。适当地使用比喻等语言技巧，可以使很多抽象的、深奥的基础知识化难为易，方便学生的理解和掌握。严肃的面孔、刻板的语言往往会让学生感到枯燥和乏味。对于学生

而言,知识的传递要结合兴趣的培养,兴趣才是知识最好的传授者。学生对课程的浓厚兴趣,可以拓宽学生的思路,活跃学生的思维,增强学生的观察力、注意力和记忆力,对学习知识可以起到事半功倍的作用。

2. 教育中渗透情感性和艺术性

生物的教育离不开生命的教育。中学生物教育是对知识的传授,更重要的是对学生进行生命的教育。生命教育的目的是让学生了解生命,让学生尊重生命、爱护生命、珍惜生命。在教学中教师应注意引导学生欣赏生命,渐渐地让他们形成尊重生命、珍惜生命的信念,这才是生命教育的最终目的。

在我们的生物课堂上,要处处体现出生命的美丽。这种美要通过教师的语言创造情境来实现。教师要有意识地创造出艺术性的情境,让学生通过教师的语言身临其境,引导他们的想象力,让学生在获得知识的同时,得到美的享受。这样,学生就能在轻松的氛围中学到知识。

三、中学生物课堂语言艺术的优化

教师需要优化、运用教学语言的艺术性才能更好地服务课堂,更好地集中学生的注意力,调动他们的积极性。

提高教学语言艺术性,教师个人可以从以下三个方面进行改进。

1. 语言表达能力的改进

良好的语言表达能力是一名教师必备的基础技能。语言的表达能力体现在教师对知识、定义的表述上。在科学性的基础上,表述要准确,不能让学生产生歧义和误解。更重要的是,当遇到学生不易理解的词语或观点时,教师能够及时地将这些词语与观点转化为通俗易懂的语言,向学生解释说明相关内容,便于学生接受。

2. 扎实的理论功底

扎实的理论功底,一方面有利于教师本身去组织安排教学,让课程本身具有内在的逻辑性,另一方面更方便教师组织具有关联性的课本外延知识,有利于教师对课堂的内容、节奏和知识的掌控,让教师有更多的精力放在课堂语言的组织上。无论是对于教材本身,还是知识的外延,教师在授课前都要在学生易于接受的基础上进行加工和改造,使课堂的安排更合理,知识的联系更紧密，语言的组织更具逻辑性。这样，学生在对知识加工的过程中，才更容易在原有知识的基础上构建新的知识结构。

3. 恰当地掌握声调和节奏的变化

声调和节奏的一成不变是导致课堂上学生精力不集中、学习倦怠的重要原因。在授课过程中，声调上抑扬顿挫、高低快慢的变化，不仅可以吸引学生的注意力，还可以使课堂变得更富有感染力，让学生切实体会到课堂气氛的变化。节奏的改变也是有助于教学目标完成的又一技巧。教学节奏太快，容易使学生无法跟上教师的步伐，无法及时处理传递的信息，使学生感觉到填鸭式教学的存在，进而产生跟不上、学不进、不愿学的恶性循环。节奏太慢，则容易使学生有精力来处理课堂以外的事情，是学生精力涣散、注意力不集中的源头，会让学生产生拖沓的感觉，学习兴趣大打折扣，最终会导致学生失去对这门课的兴趣。因此，根据学生课堂的表现及时更改教学节奏，非常有利于吸引学生的注意力，有利于知识的传授。

课堂语言的优化是提高课堂质量的“助推器”，灵活使用课堂语言，创建富有感染力的课堂，才能更好地提高学生的学习效率，才能真正将新课程的教学理念落到实处，才能真正地让学生快乐地学习。

第二节　生物课堂教学语言的科学性

所有的理论知识都来自课本，在实际教学中教师应立足课本，审读课本，让学生自己多阅读教材，多思考教材中的每个问题。那么，生物学教师如何保证语言的科学性呢？应从以下几方面下功夫。

1. 读音要正确

读音正确既是教师的基本功，又是教学语言科学性的具体体现。生物学名词术语多，有的名词具有特定的读音，有的名词比较生僻，难以辨识。作为一名生物学教师，读音错误会有损自身形象，影响知识的传授，降低教学质量，进而使学生对其所学内容产生疑问。如“龋（qǔ）齿”不能读作“禹（yǔ）齿”，“分娩（miǎn）”不能读作“分晚（wǎn）”，“伸缩泡（pào）”不能读作“伸缩包（bāo）”，“胼胝（piánzhī）体”不能读作“并蒂（bìngdì）体”，“桫（suō）

椤”不能读作“沙(shā)椤”等等。

2. 措辞要准确而不模糊

生物学是研究生命现象和生命活动规律的科学，对知识点的描述是严谨的。语言表达不够科学会直接影响学生对知识的正确理解，并导致思维混乱。因此，生物学教师必须正确引用生物学的名词术语，要用精确的语言来表达知识的内涵，做到准确而不模糊，切不可胡言乱语。如在讲述生命起源的化学进化过程时指出：无机小分子$\xrightarrow{\text{生成}}$有机小分子$\xrightarrow{\text{形成}}$有机高分子$\xrightarrow{\text{组成}}$多分子体系$\xrightarrow{\text{演变}}$原始生命。4个动词存在着意思上的差异：“生成”有由无到有的意思，“形成”有发展变化的意思，“组成”有相互结合的意思，“演变”有逐渐变成的意思。它们的正确使用，向学生展示了生命起源的化学过程，加强了学生对知识的理解和识记。再如，“人进行呼吸作用时吸进氧气并呼出二氧化碳”这句话表达不够科学，因为人吸进的气体是外界空气，而呼出的气体是含二氧化碳较多的气体。

3. 用语要辩证，防止绝对化

生物的种类繁多，形态、结构和功能多种多样。不同的生物间虽存在着众多的共性，但也存在着一些特殊和例外，往往不能一概而论。在用语言表达时要考虑周密、唯物辩证，不能片面、形而上学地看问题。教材里常用的“一般”“主要”等词有其特定的含义，并非可有可无，绝不可主观地用“都是”“凡是”等词取而代之。如“控制生物性状遗传的物质都是DNA”，这句话显然是把话说得绝对了，不够科学，应该说“控制生物性状遗传的主要物质是DNA”。当然，为了说得圆满，该肯定的话又说得留有余地，这本身也是不科学的，如“构成细胞的每一种化合物都是由化学元素组成的”这句话中的“都是”就不能用“一般是”来代替。

4. 名词术语力求规范化

生物学具有自己的专业术语，每一个专业术语都有特定的内涵和外延。因此，在教学中，要正确使用生物学的名词术语，不要滥用习惯语、口头禅来替代生物科学的名词、概念和原理，并且要着意纠正平时习惯性的说法，以防前学科概念对科学概念的形成产生负迁移效应，如把桃核叫作种子，把蝗虫的翅称为翅膀，把鱼尾说成鱼尾巴，把爬行动物扬子鳄称为鳄鱼，把哺乳动物鲸称为鲸鱼，把皮肤浅层的静脉叫作青筋，把人的肱二头肌称为“小耗子”。再如“家鸽除了嘴和脚，全身都是毛”这句话中的“嘴”“脚”“毛”3 个词的使用都是不规范的，应分别用“喙”“足”“羽毛”来代替。当然，在讲解某些动植物时，可以恰当地介绍当地的俗名，以加强和实际的联系，但必须使用生物学名称进行教学，保证语言的科学性。

5. 防止语言有目的论或拟人化的倾向

生物学教学不同于科普讲座。科普讲座为使听众易于理解，常使动植物人格化。但在生物学教学中，传授给学生的是科学的基础知识、观点，必须正确。因此要自始至终地贯穿生物学基本观点，绝对不能对自然界中的生物及其现象做目的论或拟人化的解释。如“开花是为了传粉，传粉是为了结果”“运动引起骨骼肌收缩和舒张”“由于环境污染严重，鸟类都不敢飞来了”等，这些说法都是错误的，因为它用目的论观点来唯心地解释动植物现象了。有的教师为追求语言的个性，常将讲述的对象人格化，却忽视了科学性是生物学教学语言的基石。如“同学们，别小看了白细胞，它们是人体内真正的‘铁血卫士’。一旦发现入侵者——病菌或异物，它们就会紧急出动，从大街小巷中‘冲杀出来（透过毛细血管壁）’，与入侵者展开殊死的肉搏。激烈的战斗，导致了人体组织出现了红肿……”，该教师为了便于学生理解白细胞的功能，把白细胞的活动拟人化。通过一系列拟人化的词语（如发现、出动、冲杀、肉搏、战斗等）把白细胞比作保家卫国的战士，虽能吸引学生的注意力，但导致了科学性错误。

当然教学是师生共同学习的过程，相信在师生的共同努力下，教学成果会越来越好。

第三节　生物课堂教学语言的艺术性

课堂教学是中学生物教学的基本形式，而教学语言则是教书育人的重要工具。课堂教学中语言的艺术性是实现教学相长的生命力，是出色完成教学任务的重要保证。本节就课堂导入语、讲解语和结束语的艺术，谈谈自己的看法。

一、导入语的艺术

导入语是一堂课的开端，好的导入语能充分调动学生学习的积极性和主动性，对整堂课的教学有着重要的作用。导入语的艺术，关键是要创设一个新鲜、好奇的情境，让学生陶醉其中，激发学生的学习激情。例如学习“细胞的能量‘通货’——ATP”时，我是这样导入的：“同学们，我请大家猜个谜语好不好？”一听到猜谜语，学生的注意力就迅速集中到课堂上来了，齐声说：“好！”我接着说：“有种虫儿真奇怪，一盏灯笼随身带，黑夜点灯满天飞，像星闪闪真可爱。”学生猜后我再通过多媒体课件展示一张图片：一片南瓜叶上的几只萤火虫尾部发光器一闪一闪地发出荧光。然后提问：“萤火虫体内有什么特殊的发光物质？细胞内哪些物质可能为萤火虫尾部细胞的发光提供能量？如何设计实验探究萤火虫发光是由哪种物质直接提供能量的？”我们还可以用包含一定生物学规律的诗歌、故事、成语、谚语等导入，在激起学生情感共鸣的同时，也丰富了学生的语言知识，引发他们对其中蕴含的生物学规律的思考。

二、课堂讲解语的艺术

课堂讲解语是教学艺术中最关键的部分，它是教师开启学生心灵、引导学生打开知识大门的钥匙，具有独特的风韵和格调。生物教师要准确灵活地掌握语言的特点及课堂讲解语的艺术，并根据生物学科的特点及具体的实际情况，用规范准确、生动形象、幽默风趣的语言进行课堂教学。

1. 科学性中渗透趣味性

生物课属于科学课的范畴，在中学生物课堂讲解中，我们应把语言的科学性放在重要地位，用科学准确的语言让学生明白各种生命现象和生命活动规律，并在科学性中渗透趣味性。如在讲解“DNA 复制需要四个基本条件——模板、原料、能量和酶”时，我做了这样的比喻：把 DNA 复制比喻为复印一份文件；把解开的每一条母链比喻为文件的原件，作为模板；把细胞中游离的脱氧核苷酸比喻为复印文件需要的纸和油墨，作为原料；把 DNA 聚合酶比喻为把纸和油墨黏合在一起的复印机；把提供能量的 ATP 比喻为让复印机工作的电。

2. 知识传授中渗透情感性

中学生物教学不仅要注重知识的传授，还要注重对学生进行生命的教育。如学习“人的生殖和发育”时，可以这样讲：“我们生命的起点是受精卵，在我们生命诞生的那段岁月里，起初父亲产生的几亿个精子拼命地向着目标游动，真可谓千军万马过独木桥，突破重重难关，最后只有一个最强壮的精子能进入卵细胞，完成受精作用，形成受精卵。可见受精过程本身就是一个自然选择的过程，是一场优胜劣汰的竞赛。我们每一个人都是竞赛中最后的胜利者，我们一定要充满自信，因为生命的起点就决定了你是最棒的。一个直径大约 0.1mm 的受精卵，在母亲的子宫内分裂生长的 280 个日日夜夜，母亲时刻担负着两个人的呼吸、营养和排泄，伴随着我们的成长，母亲也越来越疲劳，但一想到孩子的诞生，就有了等待的力量，爱也在等待中与日俱增。”这样既增强了学生的自信心，又使学生感受到了生命的可贵和母亲的伟大，实现了生物学的情感教育功能。

3. 严密准确的语言中渗透模糊性

生物课堂教学语言是自然语言与生物学术语、专业用语等有机结合而成的，是科学性很强的语言，向学生传授知识时，语言必须严密准确，符合逻辑，才能使学生获得清晰、正确的知识。但模糊性语言在高中生物教学中也有重要作用，它是关于认识对象类属边界和状态的不确定性描述，是语言表现的一种基本方式，具有不精确性以及相对性等性质。所以我们在教学中要把握好生物语言的模糊性与知识的准确性之间的关系，恰当地运用模糊性语言。对于教材中的模糊语言，如“主要”“绝大多数”“大体上”“基本上”“几乎”等不能视而不见，要让学生把它们作为关键词打上着重号，并且举出一些典型的“反例”“特例”加以说明。如“线粒体是有氧呼吸的主要场所”，就要强调“主要”两个字不能省略，因为有氧呼吸的第一阶段在细胞质基质中进行。生物学的实验设计题也要用到一些模糊语言，如对照实验中的“放在相同且适宜的条件下”培养，“一段时间”后观察等。

三、结束语的艺术

一个好的结尾，能把课堂教学再次推向高潮，并延伸到课后。结束语的艺术，应该是用总结性或启发性语言，引导学生课后自己去思索与探究。如学习了

“基因分离定律”后我设计了这样的结束语：一位漂亮的女明星，拒绝了许多高富帅，却想嫁给一位相貌平平、不修边幅的科学家，因为她认为这位聪明绝顶的科学家与美丽动人的她结合，生下的孩子就会既聪明又美丽。然后问学生：“如果他们结合，是否能如愿地生下既聪慧又美貌的孩子？”欲知结果如何，请听下回分解。这样就给学生一种“教学已悄悄地走了，思维正悄悄地来到”的感觉。

总之，中学生物教师要结合生物学科的特点，在课堂教学中充分展现生物学语言特有的艺术魅力，让学生在艺术享受中吸取知识的精髓，我们的教育事业才能辉煌。

第四节　生物课堂教学中评价语言的策略

课堂教学评价语言是教师从学习目标出发，对学习过程、状态和学生学习行为作出的价值判断。在深化课堂教学改革的今天，课堂的预设性大为减弱，生成性大为加强，为了让学生知道自己的思考是否有效，在潜移默化中能获得知识，受到熏陶感染，由此，课堂教学中的评价语言显得尤为重要。下面主要从四个方面对生物课堂教学中评价语言的运用进行阐述。

一、评价要有激励性

美国心理学家威廉·詹姆斯说：“人性最深刻的原则就是希望别人对自己加以赏识。”所以，教师要抓住学生的心理需求，在课堂教学中，通过语言、情感和恰当的教学方式，及时地给学生以充分的肯定和鼓励，使学生在心理上获得成功的体验，唤起学生的自信心，激发学生的学习兴趣，进而使学生积极主动地学习。

如“探究蚯蚓适应土壤生活的特征”一课中，学习小组向全班汇报他们关于蚯蚓趋湿性的实验方案、实施过程和现象，上台前全班报以热烈的掌声，给学习小组以信心和鼓励。教师及时评价：“同学们，看他们的方案多缜密，观察多仔细，我们要向他们学习。”同时也引导其他学生认真反思和观察。汇报结束时全班的掌声是对该学习小组的肯定和赞扬，这个学习小组从教师和同学的掌声中收获了成功的喜悦。

课堂教学中，除了要及时给予学生鼓励性评价外，教师还要学会倾听，耐心且细心地听完学生的发言，及时厘清他们的思路，发现他们困惑的焦点，发掘他们观点的闪光处。

如“保护生物多样性”一课中，在教师和学生纷纷惋惜伐林垦荒导致“北大荒”的动物栖息地丧失，导致生物多样性减少的同时，有学生提出：“如若没有现在的‘北大荒’，如何能养活中国十几亿人口？‘北大荒’做出了伟大的贡献。”这位学生的想法虽然偏离了预设，不是教师想要学生形成的观点，此时如若置之不理或打断，学生的思维火花就将被掐灭。是激发学生的思维、帮助学生建立信心，还是挫伤学生的积极性，往往就在一念之间。这时就需要教师能够倾听，及时给予评价，并捕捉有价值的信息，及时调整教学结构。此案例中，笔者及时给予了鼓励性评价，并就“我们更需要‘北大荒’还是‘北大仓’？”展开了课堂辩论，如此，营造了一个民主、平等、温馨的交流氛围。

二、评价要有目的性，发挥导向作用

教学目标是课堂教学的出发点和归宿点。课堂教学的一切过程都是为教学目标服务的，包括教学评价。这就要求教师关注学生的知识、能力、情感态度和价值观，并作出评价，发挥导向作用。

如“人体的激素调节”一课中，教学重难点是激素的调节作用。学生通过资料分析，知道了胰岛素的调节作用，培养了学生分析资料的能力；通过小组合作学习，了解胰岛素的人工合成，培养了爱国主义情感和献身科学研究的精神；通过病历分析，掌握了生长激素和甲状腺激素的作用，能够将所学知识应用于生活实际。在评价中要强调知识、技能的掌握和应用，情感态度、价值观的升华，因此，课堂上教师时而说：“你很会学习，能够通过资料分析出胰岛素的调节作用。”时而说：“我们为身为中国人而感到骄傲，你们是祖国的未来，祖国的科学事业还需要你们继承和发展。”时而说：“真不错，学以致用，是掌握知识最好的方法。”这样，使评价贯穿在教学的各个环节之中，发挥评价的导向作用，促进教学目标的达到。

三、评价语言要具备丰富性、多元化

著名教育专家玛莉琳·古特曼也说过：“那些小时候过多地受到师长表

扬的孩子，在他们步入生活后很可能遭到更多的失望。”当前课堂教学中经常能听到教师对学生发言报之以“很好”“不错”“你真棒”之类的语言，看似是对学生进行了鼓励、表扬，实则并没有进行实质上的评价，而仅是泛泛而谈、应景似的敷衍，听了这样的话之后，发言的学生并不知道好在哪儿，其他的学生也不知道该向他学什么或向什么方向再进行努力。久而久之，这样“廉价”的激励语言就无法吸引学生，长此以往，学生将对此种“廉价”鼓励产生“免疫力”，无法获得学习的满足感、成就感。所以，教师的评价语言除了要充满激励性、导向性以外，还要摆脱枯燥、单调，具备丰富性、多元化。

首先，教师要明确指出学生好在哪里，不足在哪里。这样，学生能清楚地了解自己的表现，对于好的一面和不足的一面均有明确的体验，有利于有的放矢地开展今后的学习，有利于学生获得学习的满足感。

其次，加德纳多元智能理论认为：人除了言语语言、数理逻辑两种基本智力外，还有视觉空间智能、身体运动智能、音乐旋律智能、人际交往智能、自我认知智能、自然观察智能等。每一个人都是具有多元智力的个体，智力组合形式各不相同，人们可以根据各自的智力倾向去发展智力。所以，这就要求课堂教学中评价语言的多元化。

比如“生物的分类”一课中，学生生动地讲完蝙蝠的故事后，教师给予的评价是“很好”，那么究竟好在哪里呢？教师可以这样评价：“你的故事很精彩，你的语言表达能力很强，动物形象在你的描述下惟妙惟肖。”再如“探究蚯蚓适应土壤生活特征”一课中，辨别蚯蚓的前后端，有些学生观察仔细，善于发现，找到了很多种方法。比如，靠近环带的一端是前端，稍尖的一端是前端，有口的一端是前端，最具创意的是爬行方向的一端是前端。对于思维如此敏捷的学生，教师应就学生善于观察的能力及时评价：“大家观察得很仔细，科学探究就需要你们这样善于观察、一丝不苟的精神。”

四、评价要突出主体性

现代教育评价理论认为，评价是评价者与被评价者（即师生）共同建构意义的过程。在评价的过程中，不论是教师还是学生，都是平等的主体，是评价意义建构过程中不可缺少的部分。因此，除了教师评价外，课堂教学中还要创设机会让学生参与评价，其学习评价量规表见表 6－1。

表 6-1 学习评价量规表

评价要素	主要指标（权重）	评价标准描述	非常好 8～10 分	好 6～7 分	一般 3～5 分	自评	师评
学习过程（70 分）	参与学习的态度（10 分）	学习态度端正、认真，具有较强的学习能力，积极参与小组讨论，分享学习经验，共同探讨问题，学习结束后能够反思自己在活动中的收获					
	活动准备阶段（10 分）	根据学生平时课堂表现情况进行分组，每个小组回顾所学过的相关知识并讨论交流制定活动计划，活动计划的内容安排合理明确，时间安排得当，并准备好所需材料					
	活动实施阶段（20 分）	在活动实施过程中，大家按照制定好的计划规范有序地组织实施，要理论指导结合动手实践，对探究结果有效归类整理；小组成员互帮互助，及时完善探究结果					
	汇报交流阶段（10 分）	积极与全班同学进行交流，并发表意见，尊重并认真倾听同伴发言并经常提出使用建议，通过成果交流，形成资源共享，最后将有价值的探究成果及方法进行整理并推广应用					
	小组合作效率（20 分）	小组成员分工明确，组员学习积极性高，能全员参与；对研究的问题能发表自己的看法，活动中互助合作，学习氛围轻松愉快，并能与其他组沟通交流，取长补短					
学习成果（30 分）	作品展示（30 分）	能根据要求完成“观察记录表”，小组人员积极参与，能应用评价量规来对自己的填写进行评价，并与大家交流					

如“探究蚯蚓适应土壤生活特征”一课中，为了了解蚯蚓依靠什么结构进行运动，学习小组设计两条蚯蚓分别在毛糙玻璃板和光滑玻璃板上运动的方案，向全班汇报完毕后，教师及时评价：“这位同学讲得很精彩，他阐述了实验设计的原理和思路，但也有不足之处。另外，有些小组也采用这种实验方案，但现象不一样，大家一起来分析一下。”接着引导学生就该小组的实验方案和实验现象进行分析讨论。有的学生提出了该小组实验变量不单一，只能用同一条蚯蚓；有的学生认为毛玻璃不够毛糙，摩擦力不大，应该换为其他实验器材；有的学生认为没有一个促使蚯蚓爬行的力；有的学生提出周围环境嘈杂，蚯蚓不敢运动……在讨论、学生互评的过程中，有赞赏性评价、质疑性评价，学生的多项思维能力、辨析能力等综合能力悄然提升，充分发挥了评价促进学生能力发展的作用。

当然，课堂教学评价语言的运用策略还有很多，以上几种是笔者在教学探索中的粗浅认识。总之，评价的目的不是注重评价的结果，而是一个学生学习和教师教学发展的过程，教师在运用各种评价策略时，除了要考虑激励性、目的性、多元化、主体性外，还要充分考虑学生的个体差异，重视学生的全面发展。

第七章 生物课堂教学的反馈及解决策略

控制论的创始人维纳曾说过："一个有效的行为必须通过某种反馈过程来取得信息，从而了解目的是否已经达到。"作为教学过程控制者的教师，就必须通过教学反馈把知识信息的系统输出转变为系统输入，促使教学恰到好处地适合学生的学习水平，使学生对知识的好奇心理和探求欲望能够在所设置的情境中被激发出来，顺利地按照目标要求形成学生的思维活动，从而呈现以教师为指导、学生为主体的相互作用的辩证发展的教与学的最佳状态。因此，教学反馈是影响教学质量的极其重要的因素。

第一节 如何落实生物课堂教学的反馈

一、充分的课前准备

"兵马未动，粮草先行。"教师上课前首先要对教材深钻细研，做到"心中有数"，这是提高课堂教学效率的前提。

教师上课前要多想想：内容为什么这样设计？教材为什么这样编排？结论怎样才能导出？与旧教材相比，新教材中该内容的呈现方式与原先相比有什么不同？为什么要改？改了有什么好处？还要想一想：学生学习这部分内容的知识基础是什么？它对后续学习起到什么作用？等等。根据实际情况合理调整某些章节或内容的顺序。从整体入手，加强前后知识点之间的沟通，避免教学的前后脱节和不必要的重复，注重重难点的突破方法，同时要查阅相关资料（包括教参、教案、辅导书、网络资料等），集中备课组各优秀教师的智慧结晶，精心设计本课的学案。设计学案必须遵循“以思维训练为主，以教师为主导、学生为主体”的原则，设置问题必须梯度化，并尽可能考虑到不同层次的学生，让大多数学生能够“跳一跳，摘桃子”，才能调动学生进一步探索的积极性。

二、高效的课堂教学

短短的课堂 45 分钟是学生学习生物学科“名正言顺”的时间，教师应该在课堂上争分夺秒。但是教什么？怎么教？——要以学生为主体。

1. 合理分配时间

合理分配教学时间是提高教学有效性的重要环节。前 5 分钟，学生自主预习了解主要内容。随后 15 分钟，对学生自学时存在的问题进行讨论探究，教师适时点拨和完善。再用 10 分钟讲解“典型例题”，最后 15 分钟学生完成“随堂训练”。其中，“随堂训练”是学生理解、巩固知识的重要途径，也是整个教学过程的着力点。学生的课后时间一般用于语数外复习巩固，因此生物课堂的训练环节尤其重要，时间不能少于 15 分钟。要让学生有较充足的时间在课堂上独立、紧张、有序地完成学案中的能力强化训练题，从而使学生巩固知识、掌握方法、培养能力，有效地促进学生知识能力的迁移，同时，教师要及时针对学生学习中存在的问题进行反馈回授或个别辅导。

2. 有效创设问题情境

“学起于思，思源于疑”，课堂教学应该把学生要学习的内容巧妙地转化为有效的问题情境，在主动获取知识的过程中，提高学生学习能力，发展主体意识、能动性和创造性。

例如，在教授“酶的作用条件较温和”时问学生：“感冒发烧时，你为什么不想吃饭呢？”学生假设：温度可以影响酶的活性。然后追问：“你能设计实验验证你的假设吗？”“实验分几组？选哪几个温度？”“根据实验结果，你能推测出 3 支试管中酶活性的高低吗？”“该实验说明酶的活性与温度有什么关系？你能用坐标曲线表示吗？”“我能说 37℃ 就是唾液淀粉酶的最适温度吗？”“如果我要确定唾液淀粉酶的最适温度，还应该怎么做？”“我们的口腔温度和体温差不多，但当口腔中的唾液淀粉酶进入胃以后，却发现不再具有催化淀粉分解的功能，为什么？”从而引出 pH 值对酶活性的影响。

以上层次分明的阶梯式问题，由易到难、层层深入，每一个问题的解决都等于爬上了新的一级台阶，学生思维的逻辑性和深刻性得到培养，教学任务便随着问题的解决而圆满完成。

3.“三讲、三不讲”

“三讲”指教师在课堂上讲难点、讲易错点、讲疑点；“三不讲”指学生已会的不讲，学生通过自学或者小组讨论能学会的不讲，讲了学生也不会的——主要是指超出学习范围和学生认知水平的内容不讲。

4. 变错为宝，机智教学

泰戈尔说：“如果你对一切错误关上了门，那么真理也将被你关在门外。”课堂教学中经常会发现学生的错误，一个聪明沉着、功底扎实的教师要能善于抓住这种时机，变错为宝，引导学生思考、探究，让学生主动得出正确结论。

在讲“细胞器——系统的分工合作”一节时，我问：“叶绿体存在于什么细胞中？”学生回答：“绿色植物的细胞中。”我没有立即指出该答案的对错，而是投影了一系列的细胞图，通过列举根细胞、叶肉细胞、衣藻细胞、蓝藻细胞等具有个性特征的细胞，让学生在对比辨析中认识到错误，并掌握叶绿体的分布情况。

三、落实二次备课

二次备课，即教学反思，实际上是对课堂教学过程的自我检查。无论课堂设计如何完善，教学实践多么成功，都不可能十全十美。教师在课堂教学后查漏补缺，认真反思，可以避免教学重复的失误，从而使教学日臻完善，逐步促进教师的专业成长。

笔者教“细胞核——系统的控制中心”一节时，按照教材上的编排，“先功能、后结构”，在充分分析了教材提供的四个资料的基础上，发现学生对“伞藻”并不了解，课堂反应茫然。课后我立即进行二次备课，本着课堂举例“必须是紧紧围绕主题、不要超过范围（指学生接受的范围）、贴近生活”这三大原则，决定只用两例，一例是“多莉”羊，说明细胞核决定性状；一例是变形虫，说明细胞核决定代谢。同事听完我这个重新备的课如此评价：“课堂气氛活跃，调动了学生思考的积极性；善于联系生活，激发了学生的学习兴趣；教学重点突出，难点突破巧妙。”

向课堂45分钟要效益，实现一个高效的课堂，能让学生在主动地学习过程中培养学习能力，从而真正实现素质教育。

第二节　中学生物课堂教学反馈存在的问题及解决策略

针对高中生物课堂教学中普遍存在的低效甚至无效的教学反馈进行分析，提出相应的解决策略，从而促进生物课堂教学质量的提高。

事实上，每一位教师在自己的教学活动中都有意或无意、或多或少地实施着教学反馈，最常见的反馈方式就是“提问”和“作业”了。教师向学生提出问题，并通过学生的回答来判断学生对知识的掌握情况，学生的回答就是一种教学反馈。作业的批改过程也是教学反馈信息的收集过程。

一、教学反馈存在的问题

在目前的实际教学过程中，生物教师在教学反馈方面存在很多的不足与问题。无效、低效的教学反馈致使教师失去了依据反馈信息改进、调整、矫正自己教学，提高教学效率的机会，也是教学效率低下的主要原因之一，具体表现在以下几方面。

1. 教学反馈的缺失、无效或低效

虽然新课程理念强调应以学生为主体，教师处于指导地位，但是在实际课堂教学中很多教师仍然难以转变传统的教育理念，出现了一种以“教师为中心”的“一言堂”的现象。李镇西老师将此形象地描述为“如果把课堂教学内容比作食物，教师觉得食物对学生来说非常有营养，于是，便不择手段地满堂灌，唯恐学生吃不饱，而全然不顾学生是否有食欲，也不管学生是否消化不良”。在这种情况下，一切按老师说的做，学生成了“观众”，没有话语权，是“失语”的，也自然就没有“信息”反馈给教师。比如，在生物课堂上，最突出的表现就是很多实验课上都是教师把实验过程讲述一遍，学生没有机会进行实际操作，也就不可能反馈相关信息给教师，教学反馈便出现了缺失的现象。除此之外，还有一种表面上做了教学反馈，实际上是无效的情况。例如，在授完“光合作用”新课内容进行小结时，教师会提问学生：“这节课的内容都掌握了吗?”学生会机械地回答:“掌握了。”这种教学反馈是低效的甚至是无效的,对教学目标的达成没有帮助。

2. 反馈不及时或太过简略

测试是教师常用的,也是生物教学中最常见的一种反馈方式,例如月考、期中和期末考试。这些测试由于是面向整个年级或全校,甚至是更大范围的考试,因此对于测试卷的批改和及时反馈就成为教师一项繁重的任务。由于生物教师自身工作量大,可能需要一周、甚至更长的时间才能将批改后的试卷发放下来,这就造成了反馈的滞后和不及时。而此时学生对于测试时内心的想法和解题思路已经淡忘了,就算和学生一起进行点评,得到的反馈效果也会大打折扣。而且一般生物教师对于作业或测试都会根据答案仅在作业本上划“×”或是“你这个实验设计错误”,不会给出详尽的反馈。例如,在批改实验设计时,如果设计错误,教师一般都是划“×”,而不会给出“这个实验设计是研究光照对植物生长的影响,所以要考虑到实验设计的原则,保持一个自变量,所以应该对有光照和无光照之外其他的一切条件都保持相同”这样详尽的反馈。

3. 反馈信息片面

部分教师明显存在只注重收集来自学习成绩优秀学生的反馈信息,在课堂上也只向这些学生提问,并会依据这些学生的回答相应地调整教学。在课后,也只会询问这些学生的学习情况,而忽略其他大部分学生。然而来自学习失误频率较高、产生失误的原因更具代表性的学困生的反馈信息却非常匮乏。长此以往,想提高教学目标的达成率只能成为空谈,“为每一位学生的发展服务”也必然变成一句口号。

4. 对作业、测试等“例行公事”

反馈的形式除了课堂上的提问等之外,另一种重要的形式就是作业。学生的作业不仅反映学生的学习态度,更反映了学生对教学内容掌握、理解的程度。比如,生物教师可以从作业批改过程中发现学生完成作业情况及学习中存在的问题,了解自己的教学效果和不足,从而做到胸中有数,以便及时指导和完善教学;也可使学生及时了解作业的结果,看到自己的正误及不足,明确努力方向。然而,很多教师在批改作业的时候,不认真地批改学生作业。例如,很多生物教师只是对照答案批一下对错,有的只是批个日期应付了事,甚至有些生物教师直接找学生帮忙批改作业。这样的教师当然不会有目的地记下学生作业中的错误,更不会将这些错误做归类和分析。这样对班级的学习状况和个别学生的问题就比较难以把握,教学过程中也可能会失去重点,从而产生了表面上教师是及时做了反馈,可实际上反馈的作用根本没有得到发挥的现象。

5. 教学反馈缺乏针对性

反馈缺乏针对性就是指缺乏目的性,在生物课堂上有两种比较突出的表现。一种表现是在课堂小结上,一般生物教师在设置教学目标的时候都能够做到注意三维目标,但是在小结的时候却只关注知识目标方面的反馈,对能力和情感目标的反馈几乎没有,这样的教学反馈就缺乏针对性了。而对于生物这样一门偏实验性学科,对于实验能力和科学精神的培养更是不容忽视。另一种表现是在作业的布置上,作业或练习是教师获取学生学习反馈信息的主要渠道之一,但很多生物教师将布置作业作为日常教学的一个环节,至于布置什么样的作业、布置作业的目的是什么并不清楚,甚至认为布置作业就是"练习""让学生有事可做",有时布置的作业与本节知识无关,这样就会大大降低教学效率。除此之外,反馈方式单一、信息失真、反馈途径少、对教学反馈的重要性认识不足、教师自身反馈能力不够等也是目前存在的问题。

二、有效教学反馈的策略

针对上述问题,要改进教学反馈现状,提高课堂教学效率,对教师而言,除了理论上的提升以外,更重要的是找到具体的解决方法。

1. 增强自身素质,提高问题、作业和测试等的价值及有效性

现代教学论研究指出,从本质上讲,感知不是学习、高质量产生的根本原因(尽管学生学习是需要感知的),产生学习的根本原因是问题。因而有效的问题和作业能够引发学生的思考,学生给出的反馈信息也会更详细、准确、有价值。教师要努力提高自身的素养,提高专业能力,以便能通过更全面的反馈信息来调整自己的教学策略和进程,从而提高教学效果。

2. 尽快提供详尽的反馈

如果没有对操作结果的反馈,练习对于学生而言几乎是没有价值的。及时地提供反馈并不完全必要,但反馈时间应当与实际练习时间足够接近。

尽可能详尽的教学反馈对学生非常有帮助，能使他们清楚地记得自己的表现。也就是说，教师应当尽快批改测量学生表现的试题，教师为学生写的书面评语应尽快反馈给学生，对实验操作等也应及时反馈，尽量不要拖延。当然这样做会增加教师的工作量，但是如果一开始就这么执行下去，学生的错误会很快得到更正，对知识的理解会更牢固。

3. 针对不同层次的学生给出不同的反馈信息

教学反馈对操作结果的认识一样重要，应谨慎提出，才能对学习者的学习有所帮助。学生的认知能力和接受水平是存在差异的，教师提问不能仅关注那些成绩优异的学生，这样得来的教学反馈信息就会失真，教师应针对不同层次的学生给出不同的反馈，对于一些不太爱发言的学生应多给激励性的反馈，对于优异的学生，教师给出的反馈要侧重引导其进一步的思索。也就是说，教师给出的反馈对学生来说太多、太复杂、难度太大或太小，都会导致反馈低效率和失真。因而，应该依据学情，进行恰当的适合学习者发展阶段的反馈，方能得到良好的结果。

4. 教学反馈应针对学生的意图而不是行为

重视反馈的意图而不是行为，帮助学生关注学习过程，而不是学习结果。如果反馈是直接评判学生行为，而不是针对学生行为背后的意图，不仅不能增强学生的兴趣，还会增加学生的逆反和防御心理。有些学生在课堂上会做出一些教师认为是违反课堂纪律的事情，这时，教师一定要分清学生行为背后的意图，或许学生是想通过一些反常行为吸引教师的注意，教师可以通过合理地引导促进学生的思考。例如，在课堂小组讨论的时候，有学生谈论与课堂内容无关的话题，教师可以用“这个问题你们讨论出结果了吗”代替“你上课不应该捣乱或者是你上课不要和同桌讲话”，以此来提醒学生，并将学生引入正常的课堂教学中。

5. 强调表扬和正面反馈，若给出负面反馈时，应注意反馈方式

每个人都喜欢得到正面的反馈，而不是负面的反馈。一般而言，表扬会被接受，而负面的反馈可能会被拒绝。所以，教师应当努力提供表扬和正面的反馈，特别是在学生学习新概念、新技能的时候。而当教师观察到学生有不正确的表现时，就必须进行纠正。下面是学生回答不正确、表现不恰当的时候教师积极合理的处理方法：①提出一个和学生的答案相符的问题，以维

护答错学生的尊严；②给学生提供帮助、暗示或提示；③保护学生的自尊心和责任心。例如，当问“为什么血友病患者男性多于女性”时，学生无法给出反馈信息，可以说“现在不知道为什么很正常，我相信等我们学习了伴性遗传之后一定会知道原因的”。知道某件事做得不正确，且不能帮助学生把它做正确，在必须给出负面反馈的同时，教师应当示范如何正确地运用这些技能，负面反馈应当始终伴随着教师的正确示范。例如，在实验课上学生搅拌溶解物质，玻璃棒碰到烧杯壁发出响声时，教师就应该指出错误，并且示范正确的做法：用玻璃棒搅拌时不能碰到烧杯壁和底部。如果学生拿试管的姿势不正确，教师应该及时纠正。当然，在多数情况下，综合使用正面反馈和负面反馈是最好的。

6. 帮助学生学会自我反馈，判断自己的表现

“教，是为了不教”，教学反馈也同样。学生学会如何评估和判断自己的表现是很重要的。光靠教师系统地归纳反馈信息是不够的，要“授人以渔”，要引导学生自我反馈、自我调控，帮助学生从完全接受教师的反馈逐步转变为独立的自我反馈，变被动为主动，变“教”为“不教”。教师可以通过许多途径帮助学生判断自己的表现。例如，可以给学生解释专家在判断表现时使用什么标准；可以给学生提供机会，对同龄人做出判断，并且与他人对照，判断自己有无进步；可以对学生强调自我监测、确立目标的重要性，以及不仅仅满足于教师提供的“外在”反馈的重要性。

7. 要综合利用前置性反馈、形成性反馈及终结性反馈

部分教师只注重终结性反馈，即只注重教学结束后的信息反馈，如作业情况、测验、考试等，而忽略课堂教学之前的前置性反馈和教学过程中的形成性反馈，这样的教学反馈同样是低效的。美国教育家布卢姆在其“掌握学习”理论中对形成性测验有着深刻的论述，布卢姆认为：在形成性反馈与终结性反馈之间应更重视形成性反馈，因为反馈不只是弄清学生的掌握情况，而是作为一种矫正性的反馈系统的组成部分，使教师及时了解教学过程中的效益情况并采取相应措施以促进教学。

总之，灵活高效的课堂教学反馈，是由师生共同参与的对平面教学设计的再度创造。有效的教学反馈信息可以指导和调节教师与学生的教与学的活动，能增加教学活动的有效性；可以帮助教师了解学生的实际情况，发现

教学存在的问题，反思和改善教学方法，调整教学过程；也可以对学生的学习起到激励和强化的作用。在生物学教学中，由于学科特点，知识面比较广，内容比较繁杂，生物教师更需要有效、高效地利用教学反馈各种策略来合理改进、调整、矫正教学，提高教学效率。

第三节　新课程标准下生物课堂教学评价量表的设计方法举例

根据新课程课堂教学评价依据的主要原理和新课程课堂教学评价倡导的基本理念，从多个维度设计课堂教学评价量表，既涉及课堂教学的主体——学生(学生的学习方法、学习水平和学习效果)，又涉及课堂教学的主导者——教师(教师的角色、教师提供的学习情景、教师运用的媒体)，还包含课堂教学的三维目标等。这一量表的设计对中学生物教育教学具有指导意义和实践意义。

传统的课堂教学存在的弊端和局限性使得我们思考这样一些问题，一堂好课的主要评价指标应该包含哪些方面？各个方面的权重比例如何确定？这些问题解决的方式影响到课堂教学的指示方向，影响到课堂教学的质量，最终影响到新课程标准的执行。所以，设计制定新课程标准下生物课堂教学评价量表这项工作显得非常重要。

一、传统课堂教学评价的弊端和局限

(一)教学目标单一

在传统的课堂教学评价标准中，把教师是否完成了预定的教学目标，更确切地说是这节课的认知目标，作为评价这节课是否是一节好课的很重要的指标。的确，完成认知目标是教师在组织教学中一件很重要的任务。但如果为了完成认知目标，而抹杀学生的创造性、忽视学生情感，这节课绝不能被视为一节好课。

认知性任务不是课堂教学的中心或唯一目的，教师不应只关注知识的有效传递，而不考虑学生的发展。学生的发展不仅包括认知的发展，也包括情

感、态度、价值观的发展，还包括各种能力的发展以及个性的发展。学生的想法中也许蕴涵着创造性的火花，也许存在对知识更深刻的理解，可是传统教学中教师不愿意在这上面花时间，因为怕影响教学进度，怕完不成认知目标。

1. 教学主体模糊

传统的评课标准，往往强调教学进程要安排合理，教学环节井井有条。课堂中教师期望的是学生按教案设想做出回答，努力引导学生得出预定答案。整个教学过程就像上紧了发条的钟表一样，什么时间讲授，什么时间提问，给学生多少时间回答问题等都设计得“丝丝入扣”，结果往往是把一节好课上成了表演课，演员就是教师，或者说主角是教师，学生则是配角、是观众。

2.“样样俱全”的评课标准限制了教师的发挥

在传统的课堂教学评价指标体系中指标可以说十分完备，而且每一项指标几乎都有固定的要求，诸如：“教学目标明确”“教学进程安排合理”“课堂提问精炼”“多媒体运用恰当”“板书设计美观”“教态自然”“语言流畅”等。结果我们会发现，许多观摩课中的不少环节就是为迎合评课标准而设计的。教师被束缚在评价标准的条条框框下，其能动性、创造性受到制约，其主导作用必然不能得到充分发挥。

(二)新课程教学评价依据的主要理论

1. 多元智能理论

(1)内涵

美国哈佛大学教授、发展心理学家加德纳于20世纪90年代提出的多元智能理论认为：人的智能是由七种紧密关联但又相互独立的智能组成，它们是语言(语言智能)、音乐(节奏智能)、逻辑(数理智能)、视觉(空间智能)、身体(动觉智能)、自知(自省智能)、交往(交流智能)。每个学生都有可以发展的潜力，只是表现的领域不同而已。

(2)对课堂教学评价的启示

课堂教学中教师对不同学生的期望要求应该不同。不同的学生在七种智能方面拥有的量各不相同，这就需要我们在以促进学生发展为终极目标的方向指引下，从不同的层面和视角去看待每一个学生。每个学生都能获得成功，每个学生都有自己的优势智能领域，学生的智力发展贯穿于生命的全过程，教师在课堂教学中应该牢记这些观念。

2. 建构主义思想

(1)内涵

建构主义教学观强调人的主体能动性,即要求学习者积极主动地参与教学,在与客观教学环境相互作用的过程中,学习者自己积极地建构自身的知识框架。

(2)对课堂教学评价的启示

有效的教学应引导学生积极、主动地参与学习。因为知识是不能传递的,教师传递的只是信息,知识必须通过学生的主动建构才能获得。也就是说学习是学习者自己的事情,谁也不能代替。因此,学生学习的有效性首先体现在学生是否积极主动地参与学习,以保证对知识的主动建构。教师教学的有效性首先体现在能否调动学生的学习积极性,促进学生对知识的主动建构的过程。

有效的教学应使教师与学生、学生与学生之间保持有效互动的过程。学习不仅仅是个人的行为,还是一种社会性的行为。每个人根据自己的经验所建构的对外部世界的理解是不同的,也存在着局限性。通过与教师和学生的交流,才能使自己理解得更加准确、丰富和全面。因此,在学生学习中的交流就应该是多向的,教学过程不仅包括师生之间的互动,还应包括学生之间的互动。也就是说,知识是合作掌握的,学习是在学习者、教师和其他学习者之间相互作用的过程中建构完成的。

有效的教学应为学生的主动建构提供学习材料、时间和空间。丰富的学习材料、充足的建构时间、有保障的空间结构,是学生主动建构知识的必要环节。这样学生知识建构的质量才会提高,反之常常会流于形式。

有效的教学旨在使学习者形成对知识真正的理解。学生是否形成了深层次的理解大致可以通过以下几个方面来判断:学生能否用自己的话去解释、表达所学的知识;学生能否基于这一块知识作出推论和预测,从而解释相关的现象,解决有关的问题;学生能否运用这一块知识解决变式问题;学生能否综合几方面的相关知识解决比较复杂的问题;学生能否将所学的知识迁移到实际问题中去。只有关注学生的主动建构过程,才能促进学习者形成对知识真正的理解。

有效的教学必须关注学习者对自己以及他人学习的反思。学习不是简单地让学习者占有别人的知识，而是学习者主动建构自己的知识经验，形成自己的见解，所以在学习过程中要求学习者要不断监视自己及他人对知识的理解程度，判断自己的进展与目标的差距，从而重新建构知识。

有效的教学应使学生获得对该学科学习的积极情感体验。学生在学习某门学科时，总是带有一定情感的。这种情感的投入与学生从学习该学科过程中所获得的体验密切相关。积极的体验会使学生不断产生浓厚的兴趣和需要，对学习表现出极大的热情，并从学习中获得兴奋和快乐。积极的情感体验有利于学生主动建构知识。

二、新课程教学评价倡导的基本理念

1. 关注学生发展

体现在教学过程中，教师要认真研究课堂教学策略，激发学生学习热情，体现学生主体作用，鼓励学生探究，高效实现目标。

2. 强调教师成长

依据新课程评价目标的要求，课堂教学评价要沿着促进教师成长的方向发展。其重点不在于鉴定教师的课堂教学结果，而是诊断教师课堂教学的问题，制定教师的个人发展目标，满足教师的个人发展需求。

3. 重视“以学论教”

新课程课堂教学评价强调以学生的“学”来评价教师的“教”，强调以学生在课堂教学中呈现的状态为参照来评价课堂教学质量。主要观察学生的六种状态来评价课堂教学，分别为情绪状态、注意状态、参与状态、交往状态、思维状态和生成状态。

三、新课程课堂教学评价的纬度

1. 课堂教学的主体——学生

(1)学生的学习方式

传统的课堂教学中，受班容量的限制，受繁重的教学任务的限制，受固定的教学时间的制约，“接受学习”几乎是唯一的学习方式。新课程标准“倡导学生主动参与、乐于探究、勤于动手”的“探究式学习”和“研究性学习”，这些学习以“发现学习”为特征。我们倡导“发现学习”，但不完全否定“接受学习”,“有意义的接受学习”也是必要的。正确的观点是“接受”和“发现”相辅相成。该接受的地方采用“接受法”,该动手的地方动手,该讨论的地方讨论,该读书的地方读书,该书写的地方书写,该练习的地方练习等。反对“单纯依赖”模仿与记忆,“过于强调”接受学习的现状。

(2)学生的学习水平(主要关注学生的学习过程)

可以根据学生学习过程中的外显行为特征来评价课堂教学中学生群体的学习水平。

① 是否积极参与;

② 是否独立思考;

③ 能否主动探索;

④ 能否自由表达;

⑤ 是否善于合作;

⑥ 是否富于想象;

⑦ 是否敢于否定;

⑧ 是否兴趣浓厚。

(3)学生的学习效果(主要关注学生的学习结果)。

课堂教学中学生的学习效果的评价,最终定位于三个学习目标的达成:①知识目标——学会了吗?②能力目标——会学了吗?③情感目标——学得有情趣吗?

2. 课堂教学的主导——教师

(1)教师的角色把握

传统的“以知识为本”的课堂教学中,教师的角色主要是知识的传授者、学习的监督者、课堂的指令者;现代的“以发展为本”的课堂教学中,教师的角色是学习的组织者、学习的引导者、学习的合作者。

(2)学习环境的营造

新课程倡导教师在课堂教学中应努力为学生创设宽松、民主、平等、互动的,有利于他们在学习目标引导下自主学习、交流的环境;为学生达成学习目标提供丰富的学习资源;为学生自主学习过程中碰到的各种困难提供必要的启发式帮助;为学生营造一种可以充分发挥学习个性、各抒己见、相互争论甚至求同存异的学习氛围。

(3)教育技术的运用

教育技术是关于“学习资源”的开发、利用和“学习过程”的设计、管理(组织)的技术以及评价的技术。将“学习资源”的开发和“学习过程”的设计运用到计算机、网络、标本、挂图等媒体技术中,并合理利用这些技术,有利于学生自主学习过程的正常进行。

四、课堂教学评价量表的设计

综合课堂教学评价的纬度和课程的三维目标,主要从知识与技能、过程与方法、情感与态度、效果与达成四个方面设计量表。其中过程与方法又分别从学生和教师两个角度观察评价整个课堂教学过程。

新课程强调发现学习、过程中生成,所以设计量表时分值权重侧重于“过程和方法”,见表 7-1 所列。

表 7-1　新课程课堂教学评价生物学科评价表

评价内容	评价标准			等第评价			
				A	B	C	D
知识与技能(10 分)	1. 知识目标符合课程标准、教材要求和学生的实际情况,并具有层次性			5	4	3	2
	2. 技能培养目标具体可行			5	4	3	2
过程与方法(60 分)	学生	1. 学习方式	(1)学习方式多元化,并且符合教材需要	5	4	3	2
			(2)信息交流多渠道	5	4	3	2
		2. 学习水平	(1)是否积极参与:每位学生都有充分的独立思考(或练习)的时间和机会,学生各尽其智参加学习活动	5	4	3	2
			(2)能否自由表达:不同想法、观点能自由表达,群体间能交流协作	5	4	3	2
		3. 学习效果	(1)学生会学了,学生学会了	5	4	3	2
			(2)学得很有情趣	5	4	3	2

（续表）

评价内容	评价标准			等第评价			
				A	B	C	D
过程与方法（60分）	教师	1. 角色把握	（1）安排了多种学习活动，形式恰当，留有充分的时间和空间	5	4	3	2
			（2）在活动中对学生思维、行为及时地反馈	5	4	3	2
		2. 环境营造	（1）围绕目标创设情境，组织合理有效的学习活动，设计了效度较高、容量恰当的问题和资料，能启动学生的思维	5	4	3	2
			（2）对学习中碰到的困难提供必要的启发式的帮助	5	4	3	2
		3. 技术手段	（1）根据教学内容选用恰当的媒体技术	5	4	3	2
			（2）指导学法及示范准确有效	5	4	3	2
情感与态度（10分）	1. 教师引导适当			5	4	3	2
	2. 学生产生学习动机和求知欲，学习动机、兴趣、态度、意志等情感因素都得到发展，学生的学习心境是愉快的			5	4	3	2
效果与达成（20分）	1. 有及时性反馈练习，并能及时评价、矫正，有适当的激励			5	4	3	2
	2. 及时进行必要的阶段小结，形成继续学习的台阶			5	4	3	2
	3. 思维状态：学生的思维状态是否被激活			5	4	3	2
	4. 目标达成状态：目标是否达成			5	4	3	2
评价意见				评价等第			

注：满分为 100 分。90～100 分（含 90 分）为优秀，80～89 分（含 80 分）为良好，70～79分（含 70 分）为中等，60～69 分（含 60 分）为合格，59 分及以下为不合格。

参考文献

[1] 沈玉顺．课堂评价[M]．北京：北京师范大学出版社，2006.

[2] 覃兵．课堂评价策略[M]．北京：北京师范大学出版社，2010.

[3] 甘铭．浅说初中生物教学中观察能力的培养[J]．试题与研究（教学论坛），2013（15）：2.

[4] 国家教委情报研究室．今日日本教育改革[M]．北京：北京工业大学出版社，1988.

[5] 东北师范大学教育科学研究所．日本教育研究文集[M]．长春：东北师范大学出版社，1979.

[6] 钟启泉．日本的学力论争：线索与构图——与日本学者木下繁弥教授的对话[J]．全球教育展望，2004，33（8）：3－7.

[7] 丁静．优秀班主任行动指南[M]．江苏：江苏人民出版社，2009.

[8] 刘庆昌．对话教学初论[J]．教育研究，2001（11）：65－69.

[9] 刘儒德．基于问题学习对教学改革的启示[J]．教育研究，2002（2）：73－77.

[10] 斯蒂金斯．促进学习的学生参与式课堂评价[M]．4版．国家基础教育课程改革"促进教师发展与学生成长的评价研究"项目组，译．北京：中国轻工业出版社，2005.

[11] 阿特，麦克塔尔．课堂教学评分规则——用表现性评价准则提高学生成绩[M]．国家基础教育课程改革"促进教师发展与学生成长的评价研究"项目组，译．北京：中国轻工业出版社，2005.

[12] 卡琳，巴斯，康坦特．教作为探究的科学[M]．北京：人民教育出版

社,2008.

[13] 王小明．表现性评价:一种高级学习的评价方法[J]. 全球教育展望,2003(11):47－52.

[14] 张艳．高中生物学习习惯的养成教育论述[J]. 中国校外教育,2014(32):112.

[15] 张敬敬．高中生物教学中培养学生自主学习能力研究[J]. 才智,2014(23):166.

[16] 金奎．浅谈高中生物自主学习习惯的培养[J]. 教师,2013(4):104.

[17] 李陵．高中生物教学中学生自主学习能力的培养[J]. 剑南文学(经典教苑),2013(6):391.

[18] 朱松林．在生物教学中引导学生自主学习[J]. 新课程学习(下),2011(2):85.

[19] 甘恢玲．优化教学设计,提升学生自主学习能力[J]. 学周刊,2012(1):156－157.

[20] 孙洪君．高中生物课堂教学学生自主学习能力的培养探讨[J]. 生物技术世界,2013(6):128.

[21] 史薇薇．如何培养学生学习生物的主动性[J]. 新课程(教育学术),2011(2):158－159.

[22] 李德胜．生物教学中培养学生自主学习能力的途径[J]. 中国民族教育,2014(11):42－43.

[23] 万伟．新课程教学评价方法与设计[M]. 北京:教育科学出版社,2004.

[24] 杨九俊．新课程说课、听课与评课[M]. 北京:教育科学出版社,2004.

图书在版编目(CIP)数据

中学生物课堂教学与评价策略/郭泽刚著.—合肥:合肥工业大学出版社,2020.11

ISBN 978-7-5650-5078-7

Ⅰ.①中… Ⅱ.①郭… Ⅲ.①生物课—课堂教学—教学研究—中学 Ⅳ.①G633.912

中国版本图书馆 CIP 数据核字(2020)第 228445 号

中学生物课堂教学与评价策略

郭泽刚 著

责任编辑 张择瑞
出版发行 合肥工业大学出版社
地　　址 (230009)合肥市屯溪路 193 号
网　　址 www.hfutpress.com.cn
电　　话 理工图书出版中心:0551-62903204
市 场 营 销 中 心:0551-62903198
开　　本 710 毫米×1010 毫米 1/16
印　　张 9.25
字　　数 188 千字
版　　次 2020 年 11 月第 1 版
印　　次 2020 年 11 月第 1 次印刷
印　　刷 合肥现代印务有限公司
书　　号 ISBN 978-7-5650-5078-7
定　　价 36.00 元

如果有影响阅读的印装质量问题,请与出版社市场营销部联系调换。